自分流

光る個性の道を行く

辻仁成

はじめに

自分の力だけではどうすることもできない今のこのような世界の状況のなかで、おぼろげな不安にさいなまれ、軽い絶望に似た気持ちをもって生きている人のなんと多いことでしょうか。

特に心配なのが若い人たちです。

ぼくも仕事柄、多くの学生たちと向かい合い語り合うことがありますが、長期的な視点で終息や収束が見えないコロナ禍において、心が不安定だと訴える学生たちが、ふだんよりも目立っているように思えてなりません。

本来なら、いちばん明るい未来を夢見て生き生きとしているはずの20歳前後の若い人たちが、未来を描けず、心の病いに陥り、病院に通っていたりする厳しい状況なのです。

これはフランスだけでなく、世界各地で起きている問題でもあります。

イメージしていたような大学生活が送れない、
リモート授業が続く、
心に描いていた未来が予測できない、
将来が不安でならない、
仲間と集まって騒ぎたいけれどそれすらできない、
外出制限が続いている。

普通に考えても心が苦しくなります。

じゃあ、いったいどうしたらいいのか、そのことを一緒に考えてみましょう。

ぼくがここで「一緒に考えてみましょう」と提案したことに注目してください。

心が弱っているな、と思ったら、まわりの理解ある仲間や頼れる大人に相談をしてみるのも大事です。

声を出すことがまず、負の状況から脱する大事な一歩になります。

みんなに自分の気持ちを伝え、話し合うなかで、解決とはいかないまでも、わずかな希望の光を見つけ出すことができるかもしれない。

抑え込んでいた不安を解き放つこともできる。

これを友人や仲間たち、同じような不安を抱えている者たちと、どうやったらそこから回避できるか議論し合っていくのです。

時間はかかりますが、一緒に考えることで、自分がけっしてひとりではないことに気がついていくでしょう。


その次に大事なのは、遠くを見ないことです。

霧のひどい日に、車で長距離のドライブをするのは危険です。

暗い夜道に、懐中電灯もつけずに歩くのも危険です。

そういう状況下で、人間は必ず足元を見て行動します。

ぼくは今、人類が自分の足元を見るべきタイミングだと思って仕方がないのです。

遠くを見よう、遠くをイメージしようとすると絶望におそわれる時代ですから、自分の周辺を見まわし、特に足元を見つめ、その限られた世界にもう一度、足場を築くことからはじめてみるわけです。

遠くをイメージできないのだから、今、手を伸ばせばできる範囲の中にこの場をしのぐ手段をつくっていく、というほうがいいかもしれない。

大きなこと、壮大な野心、長期的なビジョンはいったん保留にし、その場でできることに注力していきます。

ネットフリックスを見ること？　もちろんそれは楽しいことですけれど、そうじゃなくて、生産していくのです。

「家内制手工業」という言葉を学校で習ったかと思いますが、家の中に自分のファクトリーをつくってしまう、というイメージをしてみてください。

あなたが学生で、たとえ15歳の学生であってもぜんぜんかまわない。45歳の会社員でも大丈夫です。

生産を家の中でする、というイメージをもってみるのです。

生み出すときには必ずエネルギーが生じます。それが大事。

じゃあ、どんな生産があるのか、一緒に考えてみましょう。

生産なんかできるかな、と悩まないで、なんでもいいのだから、何か日々のなかに生み出すものを探す。

そうすることで、人間はそこに目標を見つけることができます。

これはもしかしたら〝学ぶこと〟でもいいのかもしれないですが、あえて「生産」という言葉に置き換えましょうか。

たとえば、ぼくが運営するウェブサイト「Design Stories」には、書いた経験はないけれど書きたい学生さんが応募をしてきます。

表向きに募集はしていませんが、ぼくが彼らの原稿に意見を言うことがあり、そこから実際に記事が生まれたことがあります。

そのなかのひとりはスウェーデンの子でしたが、面識もありません。

コロナ禍で日常がふさがれ、ぼくのところの門を叩《たた》いたのです。

その子は書きたいという思いがあったからこそ大学で勉強をしていましたが、学校が封鎖中なので実践に出たわけです。

ぼくは彼女と向き合い、スウェーデンで大学生活を送る学生の孤独と希望を小さな記事にまとめることができました。

彼女はその後、さらにもう1本を書き上げました。


料理が得意ならYouTubeに料理動画をどんどんアップしていくのも方法ですし、必要な機材を取り寄せて学んでいけば、撮影の楽しさやおもしろさを習得できるでしょう。

ぼくは息子とはじめた「2Gチャンネル」をもっているけれど、ときどきここで遊んで気分転換をしています。


アクセサリーとか小物を作ってみてもいい。

作るだけでなく、販売もしてみるのです。販売のルートや方法を研究します。

家内制手工業ですから、ぜんぶ自分でやらないとならない。宣伝とか発送とかも……。
でも、そうやって体と頭を動かすことで、閉塞感に対抗できるのです。
やらないよりはやったほうがいいといいますが、まさに実践が大事。

灯台は遠くばかりを照らしています。
でも、自分の足元にこそ偉大なるヒントがある、大切な仲間や家族がいる。
そこにこそ、光を注ぐ時代なのだとぼくは思います。
生産をはじめてみましょう。
何かを生み出してみましょう。
そのコツコツが、生きる大きな力になるかもしれませんよ。
ぼくはこの年齢になっても毎日、自分の足元を見つめて生産を続けています。

少しでも、光のあるほうへ……

目次

Ⅰ．今が苦しいとき

Ⅱ・それがあなたの個性

Ⅲ・見方を変えてみる

Ⅳ・人生は広げすぎない

V. フランス人に学ぶ生き方

Ⅰ・今が苦しいとき

生き方がわからない、とぼくの若い友人が言う

何をやってもおもしろくないし、何をやってもうまくいかない、生き甲斐がない、と若い友人が嘆く。

ぼくもたまにそう思うことがあって、逆にそういうとき、自分の中で生きる目的が曖昧になっているのだな、と気づかされる。

たぶん多くの場合、生きる目的ではなく、生き方ばかりを探していたりする。

上手な生き方を発見したとしても、その人生が豊かになるかはわからない。

へたくそな、不器用な生き方でも、豊かな一生を生きた人は大勢いる。

生き方は「買い方」「食べ方」「寝方」「話し方」「仕事の進め方」「友達との付き合い方」と同じように「仕方」なんだけど、仕方とは、やり方、物事をやる方法のことだから、そんなの無限にあって当たり前だろう。

食べ方も話し方も人間の数だけあるし、生き方も同じで無限だ。

でも、生きる目的は、もしかするとその人にとってはひとつしかないかもしれない。

もしくは、あっても限られたものだろう。

生き方がわからないのは〝なんのために生きるのか〟が定まっていないからだ。

なんのために生きるのか、これは人間の根本命題である。

そこを考えることが、生きることの意味の中心を成していく。

しかし、生きる目的というものはずっと同じなわけではない。

人生にはいろいろなことがあって、いろいろな出来事が降りかかって振りまわされて、軌道修正とか、気づきとか、後退とか前進とかを繰り返すので、目的そのものが変化していくものだったりする。

なんのために生きるのか、という根本命題は、人生の歩みのなかでも変化していくものだろう。

その変化もまた、とても重要だったりする。

それは自分が生み出していることだったりする。

なので、ぼくはずっと考えている。

なんで生きるのか、どう生きるのだろう、と自問し続けている。

この問いかけが〝なぜ今、自分が生かされているのか〟を教えてくれたりする。


なんのために生きているのかわからない、と悲観する必要はない。

そんなもの、わかって生きている人間なんてほとんどいないのだから……。

むしろ、こう考えてほしい。

生き方がわからない、なんのために生きているのかわからない、どう生きるべきかわからない、ということはつまり〝そこに問いかけがある〟ということだ。

その小さな苦悩は、じつは大きな可能性をもっている。

自分が生きる意味を見つけ出せないという悩みは、同時に、そこへ向かう力が内在している証拠でもある。
そして、上手に生きられないという不器用さは、その人のまじめさの表れでもある。

悩んでいるとき、人間は必ず成長している。
迷っているとき、人間はちょっと停滞している。

しかし、その成長はずっと続くものだと思ってほしい。
ぼくは今63歳だけれど、まだまだ未熟な人間なので、毎日のように落ち込んでいる。
ふと思うのは、この落ち込んでいる自分には〝跳ね返す力〟もあるということだ。
なんのために生きているのかを探すこの生涯を生ききってみたい、と切に思う。
その一瞬一瞬のなかに人生があるのだと思えば、生きる目的を探す意味が浮き上がる。
今日も精いっぱい生きたろう、と自分に言い聞かせている。

生きるのが面倒くさい。さて、じゃあ、どうする？

生きるということは「面倒くさい」と思うことの連続である。

怠け者でもないのに、なぜ、面倒くさいと思うのだろう？

仕事が面倒くさい、人間関係が面倒くさい、そもそも自分が面倒くさい。

そして、そういうことが積み重なって、生きること自体が「面倒くさい」になる場合がある。

これら面倒くさいことをどうやって乗り越えていくか、と考えることが、ぼくにとってはある意味「人生」だったりした。

「面倒くせー。やだー」と思うときというのは必ず、自分が無理をしているときか、心になんらかの負担を強いているときである。

だから、面倒が臭くなるのだ。

ぼくはいつも「面倒くせー」と思うとき「さて、じゃあ、どうする?」と静かに自問するようにしている。

面倒くさいだけで終わってしまうのはよくない。

常日頃から「生きることには必ずソリューションがある」と自分に言い聞かせ、面倒くさいが確定してしまう前に「じゃあ、どうしよう」と出口を探すのだ。

倒れたら、人間は必ず起き上がるじゃないか。

起き上がらない赤ちゃんはいない。

つまり、起き上がることは人間の本能なのである。


面倒くさいを乗り越えていくとき、人間は成長をしていると思えることも大事だ。

「ああ、こういう状況を乗り越えたら、またぼくは一段、人間として上達するんだな」と、ちょっと自虐的に言い聞かせてみるのもいい。

生きている間、この「面倒くさい」がなくなることはない。

それが生きることなのだから、大なり小なり「面倒くさい」はしょっちゅう降りかかってくる。

正直、打ちのめされることもある。けっこうあった。笑
そういうときは、しばらく倒れて気を失ってみるのも悪くない。

そのうち意識が回復して、本能が人間を立ち上がらせる。

そうだ、人間が必死で立ち上がろうとするのは、この本能のせいなのだ。

赤ちゃんのころから備わった能力といってもいい。


「七転び八起き」ということわざがある。

七回転んだら普通は七回起きるのに、八起きとなっているのはなぜか。

人間は生まれたときすでに一回起き上がっているから、という説がある。

なるほど、でも、ならば死ぬときにもう一度倒れるので、そうなると「八転び八起き」こそが本当なのか、と理屈っぽいぼくは考えてしまう。

しかし要は、転んだらしばらく寝込んでも起き上がるのが人間だ、ということにほかならない。

人生は「八転八起(はちてんはっき)」だと思って生きていくのはどうだろう?


どうせ起き上がるなら早いほうがいい、とせっかちなぼくは考えてきた。

しかし、急いで起き上がると心の無理が癒されない。

だから最近は、時間をかけて起き上がるようにしている。

まだ、まだだ、まだ起き上がるな。ゆっくりと、しかし確実に起き上がることが大事だ。

そうするようになってから、ぼくの心は楽になった。

面倒くさい状態に追い込まれたら、倒れたその場所にあぐらをかいて座り、しばらく「やれやれ」と半生を振り返ったりしながら様子を見る。

そして、気力が戻ったときに「よっこらしょ」と立ち上がる。

人生は長いのだ、のんびりと立ち上がればいい。

どうせまた倒れるのだから、ダルマのように、しぶとく起き上がるのがいい。

この先の人生、いつだって起き上がる準備はできているよ、と自分に言い聞かせておこうではないか。

さて、よっこらしょ。

死ぬ気でやれ、と誰かが命令するが、ぼくは生きる気でやる

昔、アルバイト先で「辻、死ぬ気でやれ」と言われたことがあった。しかし、自分の夢をかなえるわけでもないのに「あなたのためには死ねません」と言って、ぼくはそのバイト先をやめた。

人の命をなんだと思っているのだ、と憤慨をした。

ぼくは「生きるために頑張るだけだ」と自分に言い聞かせ、そこから自分らしい人生を模索するようになった。

話はちょっとずれるが……ストレスというのは、人間が世界と向き合う場面で、きち

んと向き合えなかったり、ブレないはずのものがブレたりしたときに生まれるもので、車が車庫に入れず、何度もその角を柱にぶつけながら、前に行ったり後ろに戻ったりしている状態に似ている。

でも、ちょっとハンドルを切れば無事に入るのだから、ハンドルをうまく切る集中力が欠けている結果だったりもする。

あるよ、そういうときだって。

このようなストレスがそこかしこであふれているのが、ここ最近のぼくの周辺ということになる。

ものすごく元気だった人がどんより暗い顔でやってきたので「ああ、ハンドルがうまく切れないんだな」と思って話を聞いてあげると、(人生の)運転をするのが怖い、と言ったりする。

ぼくもたまに同じような状態になるので、そういうときはまず、車のエンジンを止めるべきだろう。

そしてドアを開け、いったん外に出たらいい。

うまくいかないことをいつまでも引きずるからますますストレスが増えていくので、気分を変える。

ラジオをつけてみてもいいし、窓もぜんぶ開けてしまおう。

で、車庫に入らない車(つまり人生)そのものを一度、忘れてしまうのがいい。

さわやかな風が吹き抜けていき、いらだっていたぼくが本来のぼくを取り戻すことができたとき、視界や周囲の音が変わりはじめ、心が落ち着き、集中力が増して、できなかったこと、苦手だったことができるようになっていく。


他人の力を借りるのがこういうとき、とっても有効だったりする。

好きな仲間との長電話ってのも、けっこう有効だったりする。

イタリアの友達と大声で語り合い、また釣りにいこう、と約束し合って電話を切った。

ここで深呼吸だ。もう気分は変化しはじめている。

上がって動かなくなっていたバッテリーが復活したときのような、安心感が打ち寄せる。

間髪をいれず、ぼくはエンジンをかける。

当然、何ごともなかったかのように車は一発で車庫に入る。


針に糸が通らないときだって、ドレスに腕が通らないときだって、ちょっと気分を違うほうに向け、心をととのえてから再挑戦すると、一発で穴に通ったりするものだ。

ぼくはそうやって、もう何年も息子のシャツのボタンを直してきた。

イライラしているとできないことは必ず、ひと呼吸あけて取り組み直す。

やらなければならないことが手つかずになったら、同じような方法でそこから脱出するのだ。

好きなことだけをイメージする。

うるさく、しつこく言ってくる人間はシャットアウトでかまわない(親は除く。親はうるさく言うのが役目だから、いずれ自分が親になったときに気持ちがわかる)。

ともかく、苦手なもの、ストレスを与えてくるものは視界から消してしまえばいい。

とっても簡単な方法がある。

〝消えろボタン〟をつくって、つねに携帯しておくこと。


実際に作ってもいいけれど、空想したものを、持っているとイメージするだけでもいい。

ぼくはキッチンの電気のスイッチに「消えろ」と張り紙をしていて、イヤなことがあると押しにいく。笑

ポケットにもいつも消えろボタンが入っていて「辻、この野郎〜」とか言いがかりをつけてくる他人がいたら、ぼくの人生にはいっさい関係ないので、あわてずポケットに手を入れ、スイッチを押して「さいなら」で終わりだ。


〝消す〟というイメージはちょっと怖いけれど、でも、大切な人生を、周囲の暴言とか誹謗中傷とかいやがらせで振りまわされ、ズタズタにされてまで共存していく必要があるだろうか？

それは断じて、ない。

イヤなものや人は整理したほうがいい。

80億人の人すべてを相手にして生きたら、人間は壊れる。

必要なのは、親友ひとり、恩師ひとり。それで十分だったりする。


人間はみんながみんな強いわけじゃない。

自分のことは自分で守るしかないので、死ぬ気でやれ、とかそういう恐ろしいことを平気で命令してくる前時代的な人間がそばにいたら、消えろボタンの出力を最大にし、その世界そのものを削除するようにしてしまえば、もっと楽になる。

もう見ないのだ。自分の視界から消えたと思えば、ストレスはなくなる。


「辻くん、死ぬ気でやりなさい！」と昔、えらい人に言われた。

しかし、死ぬ気でやったら人間は死んでしまうじゃないか。

無責任にもほどがある、と笑いながら、ぼくは車庫から車を出す。


これがストレスなく生きる方法だ。

その後、窓を全開にしてドライブに出かければいい。鼻歌でも歌いながら……。

今が苦しいなら、重たいもの、苦しませるもの、イヤなもの、見たくないものを一度、消してみればいいのである。

死ぬ気でやるのじゃなく、生きる気でやれ、とぼくは自分自身に言い聞かせる。


さ、今日も自分の人生を生きましょう。

ストレスなんかに負ける必要はない。

あなたのことを雑に扱う人がいたら、あなたがとるべき行動

どうしてこう人間という生き物は、いともたやすく横柄なることができるのだろう。

これまでに数人、大会社の社長さんという人たちと会ったことがあるが、素晴らしい人もいる一方、絶対君主のように他を人間と見ないような最悪な人物もいて、それは別の意味でいい勉強になった。

人間は頂点に立つと、自分もひとりの人間であることを忘れる生き物なのだなあ。

えらくなればなるほど、実る稲穂のように頭を下げる絶対君主というのはいないのかもしれない。

自分以外の人間などなんとも思わなくなるので、敵国に攻撃され、つかまり、ギロチン

にかけられるまで、自分の非を認めないのであろう。

これはたぶん逸話だと思うが、古代中国に堯《ぎょう》という帝王がいた。

ある日、帝王は自分が統治する国のはずれで「帝の力がなんであろう。いてもいなくても同じことさ」と楽しげに歌っている農家の老人を見た。

彼が恐ろしい絶対君主なら、老人はその場で切り捨てられていたことであろう。

ところが、帝王・堯は老人のその歌を聞いて、天下が平和に治まっていることを悟った。

人々が安楽で人生を楽しんでいる、その鼓腹撃壌《こふくげきじょう》を喜んだという。

そういう心をもった国のトップや指導者がどのくらいいるのだろう、と考える。

しかし、同じ星に生まれ、権力やお金があるだけで人を人と思わず、力で弱いものを支配しようとする人間もまた、いつか滅びるのである。

ある限られた時間のなかで、人間は共生しているのにすぎない。

ときどき、どうしてこうもえらそうにできるのだろう、というおじさんに、エレベーターの中とか空港とかバーとかで出くわすことがある。

いきなり横柄な態度で「ほら、そこをどけよ、ぐずぐずするなよ」などと言われるのだけど、なんか違うな、と普通に腹が立つ。

だいたい、そのおじさんというのもたぶん、ぼくが若そうに見えるから(変な格好をしているし、その身なりとかから判断して)えらそうにするのであろう。

ぼくが短髪で仕立てのいいスーツを着ていたら、そういう態度をとるだろうか。

ぼくがその人よりうんと年上だとわかったら、もう少していねいな言葉で対応するに違いない。


人間関係全般にいえることだが、礼儀がない者に礼を尽くす必要はない。

横柄な相手だったら、ぼくは話が深くなる前にさっと立ち去るようにしている。

友人とか恋人であろうと、雑だな、と思ったら心は冷める。当たり前のことであろう。

人間はリスペクトし合ってこその付き合いで、それがない人と素晴らしい人間関係を築くことはできない。

ぼくは会社員の経験がないから「会社だったらそうもいかない」という意見には反論できないが、でも、会社員だからこそ雑に扱われたら腹が立つだろうし、優良な会社であれば、そういう相手と仕事はしないはずだ。

雑な対応をする相手から、どんな生産力が生まれるというのか。

逆に雑な人しかいない会社なら未来はないので、ぼくだったらやめて、自分を必要としてくれる環境を探すに違いない。


そもそも、その人にリスペクトがあるかないかは、すぐにわかることだ。

ぼくは自分のリスペクトが足りないなと思うとき、反省をする。

それぞれの持ち味というのか、よさを見つけてそこを評価するとき、人間というのは本気で動くものである。

いいところは一緒にほめ合う。悪いところは一緒に直していく。

それがリスペクトの基本ではないだろうか。

ガンバルモンカ、というぼくの生き方

昔、25年くらい前かなあ、角川書店に角川ミニ文庫というのがあって、若者向けに『ガンバルモンカ』という掌編小説集を出したことがあった。

ミニ文庫自体はあっけなく消えてしまったけれど、この「ガンバルモンカ」という言葉は、その後のぼくの生き方のひとつとして残った。

ぼくは今も、この「ガンバルモンカ」を実践している。

寝る前とかに何かよからぬことを考えてしまい、人生が不安になって眠れなくなった経験のある人は、きっと少なくないはずだ。

なぜか人生を振り返ったり、過去の怒りを思い出したり、未来を考えてしまって眠れなくなる。

日ごろの不安が蓄積して、夜におそわれてしまうのだ。

これはもはや悪習というしかない。

そういうとき、ぼくは「ガンバルモンカ」と心の中で唱えて振りきってきた。

不安になるのは自分が頑張っているからであり、その頑張りを断ち切るしか方法はない、
とぼくはあるとき悟った。笑

人間というのは基本、まじめにできている。

大小の差こそあれ、みんな人生になにがしかの目標をもっており、リスクをできるだけ回避して最大の幸福を目指すため、日夜、頑張っているのである。

しかし、頑張るというのはそれだけ自分を制約しているということでもあるので、気づかないうちに自分の限界を超えてしまい、そこから不安が生まれてくるのも事実。

そういうときに「ガンバルモンカ」と唱えてみると、心の負担は多少、緩和される。

気は持ちよう、という言葉どおりなのだ。

頑張りながらも「ガンバルモンカ」と唱えることで、やらなければならないという使命感に反抗することができるのである。

人によっては使命感が強すぎるので、それが強迫観念のようなものを生み出してしまうことがある。

しかし、こうやって理論立てて分析していくことで「なんだ、そういうことか」と気がつくこともできる。

負担を減らすことができたとき、じつは人間はいい成果を生み出せたりする。訓練を積み上げた人が最大限にリラックスしたとき、新記録が生まれるようなものである。

「ガンバルモンカ」は「頑張らない」ということじゃなく、必要以上に頑張りすぎないということであり、心に余計な負担を与えないための〝手軽な防衛策〟なのである。

周囲に強い不満が出るとき——たとえば、誰かを許せずそれを引きずり続けるのは、自分の中に何か目に見えない強いストレスがあるのだ、と思えばいい。

そう思うだけで、相手や世間や人生に対する不満は軽減できる。

ぼくは誰かのことを恨んでいる自分に気がつくとき、よくこのことを思い出している。

あれ、俺って今めっちゃストレスを抱えているんだな、と……。

自分の調子がよく、最高潮で、何をやってもうまくいく状態にあるなら、誰かを恨むことに執念を燃やす必要なんてないのだから。

そういうときは「絶対、この人生に勝ってやる」と唱えてみる。

人生はもちろん勝ち負けじゃないが、結局、人は自分に負けてしまう、つまり、くじけてしまうのだ。

だから、逆に「よーし、ちょっとガンバッテミルカ」モードに切り替えてみればいいのである。


ともかく、くよくよしてもしょうがない。

特にベッドに入って毎晩くよくよし続けるのは、明日に対して失礼だ。

夜は寝るためにあるのだから「ガンバルモンカ」と自分に言い聞かせ、そこで不安を断ち切るくらいの気持ちで眠りに落ちたほうがいい。

不安というのは、自分が勝手につくり出した幻想だったりする。

未来ばかり気にしているから、そうやって不安が押し寄せてくるのだ。

足元を見つめ、毎日をていねいに生きることを心がけて進んでいれば、気づいたときには意外と遠くへたどり着いていたりする。

考えてみてほしい。

なんとかここまで生きることができたのだから、未来だってどうにかなるはずだ。

そのときそのとき、乗り越えていけばいいじゃないか。

見えない将来の不安に振りまわされて人生を棒に振るのはもったいないし、夜になって悩みに入るのは健康上よくない。

なので、ぼくは苦しいときにこそ「ガンバルモンカ」とつぶやき、自分を励ましている。

生き抜くための弱音の吐き方

ここ最近、世界が不穏だ。

やっとコロナとの向き合い方がわかってきた人類だけれど、ウクライナとロシアの戦争からはじまり、第三次世界大戦の足音さえ聞こえてきそうな現在である。

メンタルが強いぼくでさえ、未来が見えず、前向きに生きることに息切れを起こしつつある。

たまたまカフェで隣り合わせになった人たちが「戦争のせいで憂鬱な毎日です」と口をそろえる。

快晴でも、どこか心が晴れない日が続いているのだ。世界中で……。

コロナ禍や、しのび寄る世界大戦への不安だけじゃない、テロや地球温暖化、この世の中には気持ちを暗くさせる要因があとを絶たない。

さまざまな要因のせいで、寝つけない日々が続いている。

たまらず息子に「パパはどうもおかしい。パパはもうダメだ。パパは苦しい」と弱音を吐いてしまった。

すると、息子はじっとぼくの顔を見つめて「いいんだよ、人間なんだから」と小さくつぶやいた。

この何げないひと言が、不思議とぼくを楽にさせた。

息子は思いついたことを何げなく口にしたにすぎない。つぶやいたあと、自分の部屋へと戻っていった。

しかし、言われたほうのぼくは「いいんだよ、人間なんだから」というフレーズが強く心に残ってしまった……。

なんとも素晴らしい答えではないか。そのとおりだ。

愚痴はいやがられる。

一方、弱音というのは逆に認めてもらえるものだったりする。

誰かに対して憎悪をぶつける愚痴とは異なり、弱音は自分の弱さを正直に吐き出す行為だからか、相手に受け入れられることが多い。

愚痴は邪気のようなものであり、弱音は自分の真の姿なのである。

息子のひと言に安心することができた。

弱音は本当に親しい人間、親友や身内にだけ吐き出すものなのかもしれない。

誰にでも彼にでも弱音を吐いていると、ただの弱い人間になってしまう。

しかし本当にきついとき、いちばん信頼できる人にぼそっと自分の弱さを見せることは、いいガス抜きになる。

このような異常事態の日々、弱さを隠さないことも必要かもしれない。

その弱さは、自分の底力を引き出す強さの引き金となる。

愚痴を言っても、人生はきっと変わらない。

たぶん、愚痴というのは憎悪だからだろう。人に責任を押しつける行為だからである。

ところが弱音というは、ダメな自分を見つめる力でもある。

自分の弱さを知っている人は強い。


愚痴を言っても、状況はきっと変わらない。

もちろん、弱音を吐いても劇的に状況が変化することはないだろう。

しかし弱さを見せる相手によっては、その吐露が人生を再構築するための第一歩になる。

自分を切り替えるスイッチになる場合もある。

弱音を吐く相手というのは決まっているはずだ。その人は頼れる人間なのであろう。

そういう相手がいるというだけで、あなたの人生は素晴らしい。

叱咤激励を受ければいい。

五月病に負けないために、ちょっと変だな、と思ったら休息習慣

新学期がはじまり、新社会人が世に出る春先の季節、五月病にかかって心を壊す人が多くなる。

漠然とした不安におそわれ、落ち着かなくなって、ついにはやる気も出ない。

今まで楽にできていたことが急にできなくなったり、好きだったことに急に興味がわかなくなったり……なんとなくこういう兆候が出ているなら、五月病の可能性があるので要注意である。

放っておくと鬱になるので、そうなる前にちょっと方向を変えてみよう。

大きな原因はやはり、学校や職場での新たな生活、慣れない生活によってストレスが

たまっていることにある。

周囲からの期待もあるので、つい頑張ってしまうのは仕方がないにしても、無理をすることでストレスもたまっていくのだと、まずは頭で理解しておこう。

若いころ、ぼくも五月病のようなものにおそわれたことがあった。

それをぼくは〝人のせいに〟した。笑

え、それはまずいでしょ、と言われるのを覚悟で打ち明けるが、社会が悪いとか、あいつが横柄で悪口ばかり言うのが悪いとか、とにかく人のせいにしたのである。

もちろんそれだけじゃダメなので、次が大事になる。

「こんな世の中に自分がつぶされていいのか？　自分が壊れるくらい頑張る必要がどこにあるんだ。休め、今すぐ休んでいい。はじまったばかりだけど、いったん自分のペースを取り戻すんだ」と、ぼくは自分をかばったのだった。

つまり、ストレスというのは自分を擁護《ようご》しないから起こるわけなので、ぼくはやばいと思った瞬間、まずは自分を擁護する。

自分を擁護して何が悪い？

自分で擁護しなければ誰も擁護してくれないのだ、自分が壊れてしまう。

もちろん自分も悪いのだけど、自分を責めて自己嫌悪になったら、もっと負の連鎖に落ちてしまうではないか。

この際、世の中のせいにする。人のせいにする。笑
ここは頑張らないでいい、壊れないでいい、自分を大切にすることに注力するのだ。


みんな、まじめすぎるのだ。

まじめというのは〝元気なときにしかやっちゃいけない運動〟だと覚えておこう。

元気じゃないときは、ちょっとくらい不まじめになってもいい。

そんなに無理をする必要はない、と自分に教えてあげたらいい。

「世の中が悪いんだ、ぼくのせいじゃない、なのに、ぼくだけがこんなに苦しい思いをするのは不公平だ、もうやめよう、ぼくに押しつけないでくれ、ぼくは休息に入った」

それでいいのである。

新生活がスタートしたばかりであろうと、気にすることはない。

自分が壊れてまでスタートさせる生活に、未来はない。

逃げろとは言わないが、闘えと思う必要もない。

「もうちょっとのんびりとやれよ」と自分に言ってあげることは、けっこうな救いとなる。


そうやっていると、気がつくこともある。

もしかして仕事の内容や環境が自分に合っていなくて、そのせいで「適応障害」みたいな状態になっているのじゃないか。

つい悲観してしまう、疲れやすい、体がだるい、意欲がわかない、眠れない、食欲がないなど、心身に症状が現れる。これは間違いなく五月病である。


ところで、五月病という言葉は医学用語にはないらしい。

つまり逆をいうと、環境が変わり、新しい何かがスタートして責任感や周囲の期待が大きかったりすると、季節に関係なく、こういう症状が出やすくなるということだ。

「人間、できることには限界がある」と理解しておくことも大事だ。

とにかく自分のキャパシティを知ること、そして、それ以上のことはやらないように避けること。

逃げる必要もなく、ただ休息をすること。まじめになりすぎないこと。

たまに心の中で舌を出してもかまわない。

自分を擁護して、ちょっとだけ図々しくなって、甘えてもいいからのんびりとやること。

人生は自分のものだから、壊さないよう大切にしていくこと。


一生は一度だが、じつは人生は何度でもやり直しがきく。

今は力を抜いて、6月を待つべし。

苦しいときにこそ、楽しいことをやる

もし今あなたが、気分が上がらず、何をやってもうまくいかず、暗い状態にあるなら、
それを打開するための方法がある。
そういうときはとにかく、好きなことをやるべし。
好きなことをどんどん見つけて、そこへ固執していくのだ。
何もしないでいて落ち込むから、人間は負のスパイラルへと落ちていく。
それを食い止めないとならない。気分を変えないとならない。
好きなことをして、自分の機嫌をアップさせていくのだ。
好きなことがあるなら、そこが突破口になる。

暗いことや悲しいこと、自分の気分を落とすものからいったん目をそらし、なんでもいいから好きなことにのめり込もう。

ひとつである必要はない。好きなことを総動員させよう。

これは楽しい、これが好きだ、あれをやってみたい、と思うものすべてに自分を傾倒させていく。

そこにのめり込んで、わくわくすればいい。

ぼくの場合は2020年、コロナなどが原因で映画の撮影が完全にストップした。

何年もかけて準備してきた仕事だったが、どうしようもなくなった。

フランスは全土でロックダウンの最中だった。

これでぼくは落ち込み、心を病んで鬱っぽくなった。

しかし「これじゃあいかん」と思って、ぼくは大好きな音楽へと逃げた。

映画のことはいったん忘れ、ギターを持って歌いだしたのである。

気分が少し上がった。

大好きな音楽が、心にも体にもいいエネルギーを運び込んできた。

コロナ禍だったけれど、オンラインでライブをやることにした。

セーヌ川に浮かぶ船でのライブは、じつに画期的なことであった。

わくわくした。のめり込んだ。

そのことで、つらい映画の現実からいったん逃げ出すことができた。

ぼくは音楽をどんどん推し進めていった。

そして、ぼくは元気になった。


その後、大好きな料理にも没頭するようになると、今度は停滞していた映画が再びむくむくと動きだした。

ある日、誰かからその知らせが舞い込んだ。もう一度メガホンをとってもらえないか、というのである。

ぼくは好きなことを追求していて元気だったから、映画の話が奇跡的に戻ってきたとき、それを引き受ける精神的な余裕があった。

もちろんやりましょう、ということになった。
ぼくは今、映画の撮影をしている。3年ぶりの撮影である。

日本には古くから「二兎を追う者は一兎をも得ず」ということわざがある。欲を出して同時にふたつのことをやろうとすると、結局はどちらも失敗することのたとえだが、ぼくは違うことわざを開発した。

「幾兎も追う者が真の一兎を得る」

これがぼくの新解釈である。
好きなことは、いくつも走らせておくのがいい。
いくつものレールを同時に走らせる。しかも、どれも好きでなければならない。
ひとつが廃線になっても、他を動かせば遠くに行くことができる。
1本しか線路がなければ、それがダメになったらおしまいになる。

ここで大事なのは〝好きなことを追求する〟ということだ。

なんでもかんでも中途半端にやってはいけないが、好きなことにのめり込んでいれば気分は上がり、楽しくなり、楽しければどこからともなくエネルギーがわき上がってきて、運気も上がる、という仕組みである。

自分が落ち込んでいたら、うまくいくものもうまくいかない。

なんだか調子のいい話だな、と思う人もいるだろう。

しかし、誰の人生だろう？

人からとやかく言われても、その人は自分を救ってくれることはない。

自分の人生は自分で盛り上げていかないとならないのだ。

何本もレールを走らせておくことは、けっして悪いことじゃない。

好きなことをたくさんもって、一度しかない人生をしゃぶり尽くして生きる、それに限る。


もうひとつ、いいことわざがある。

「下手な鉄砲も数撃ちゃ当たる」だ。

ガンガンぶっ飛ばしていこう。楽しんで生きていこう。
そのための方法を貪欲に考える権利が、人間にはある。

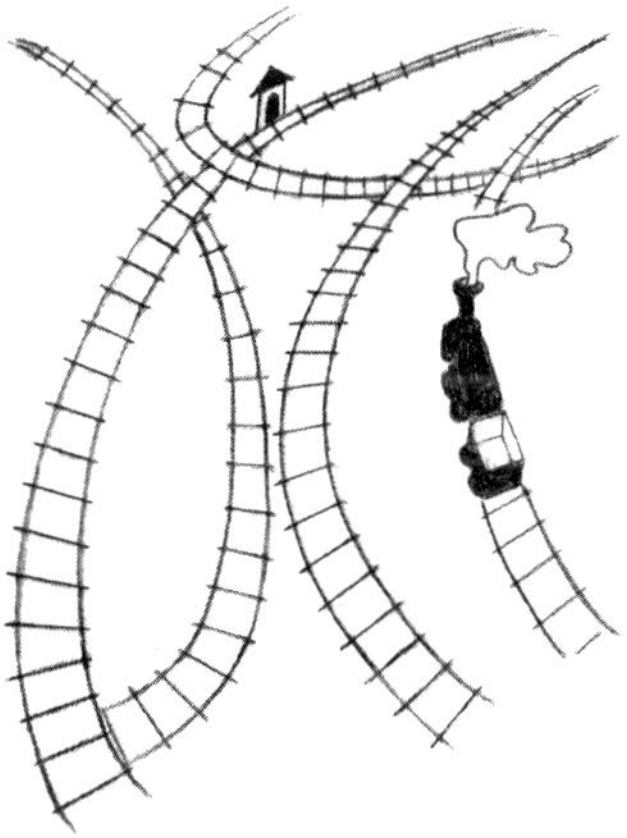

合言葉は熱血、この意味を説く

ぼくは自分を奮起するための言葉を、つねにいくつか携帯している。
そのなかでも「熱血」という言葉は即効性があるので、人生につまずきそうになったときとか、起き上がれないときとか、心が折れそうなときには頻繁に口ずさんでいる。

「熱血〜」

力を込めて繰り返し唱えるとき、ぼくは停滞しそうなわが人生を打開しはじめている。
もちろん、ただの言葉なのだが、されど言葉だ。

単純明快でエネルギーに満ちた言葉の復唱は、自分の中に眠っている底力を奮い立たせる効果がある。

少なくとも、何もせずに布団の中でうずくまっているよりは有効ではないか。

言葉には言霊が宿っている。

奈良時代に書かれた『古事記』に、すでに言霊に関する記述がある。

日本人は古くから言葉の中に魂が宿っていると考え、それを実践してきた。

だから、祝詞《のりと》などはより厳正に言葉が選ばれている。

難しいことはさておき、単純に前向きな言葉に囲まれていると上昇しかイメージされないので、これがたいへん有効なのである。

「大丈夫、絶対大丈夫」と言い続けるほうが「ダメだ、もうダメだ」と言い続けるより、間違いなく上昇運を運んでくるだろう。

ぼくはこれを「熱血」に置き換えている。

言葉の力で自分を奮い立たせ、勇気を引っぱり出すのである。

「もう無理、もう終わりだ」と言い続ける人間が、立ち上がれるわけがないのは自明だ。

このような後ろ向きな言葉は、けっして使っちゃいけない。

なぜなら、言葉が現実を引き寄せるからである。


元気が出る言葉には、明るい未来がやってくる。

暗く沈んだ言葉には、それにふさわしい現実しかやってこない。


人への悪口や陰口というものは、必ずなにがしかのブーメランを、言った本人へとぶつけてくる。

そもそも悪口は邪気を呼ぶ。邪気は悪口や汚い言葉が大好きなのである。

理由は、その汚い言葉の中に悪い言霊が生じるからである。

悪い言葉を吐き続ける人の心に、邪気が堆積していく。

そして、最終的にその悪い言霊に滅ぼされてしまう。

美しい言葉、清い言葉、優しい言葉を選んで生きていれば自ずと、よい言霊によって悪が浄化され、魂も澄んでいくというものだ。

これが言霊の恐ろしさであり、言霊のありがたさでもある。

自分を奮い立たせたければ、他人を押しのけるような言葉は紡《つむ》がず「熱血」と叫んでいるのが正解であろう。

「熱血」と言い続けて、自分をその気にさせる。

これこそが誰にも迷惑をかけない、真に前向きの第一歩である。

人間をポジティブにさせるいちばんの道具は「言葉」であり、そうやって自分を奮い立たせることが、夢を実現させるいちばん最初の仕事ということになる。

そのあと「努力」へと続く。有言実行ということだ。

「言葉」と「努力」が結びつくと、いつしか「運」が生まれてくる。

だから、合言葉は熱血、なのである。よい。

Ⅱ・それがあなたの個性

個性を生かす前に、やるべきこと

そもそも個性というものが何か、ちょっと考えてみよう。

人間に限ったことではないが、それをもつことで他とは完全に区別されるようなものを「個性」と名づけることができる。

そのものに備わっている、独特の本性のことだ。

人間でいうなら「パーソナリティ」ということになるのかな。

個性とは、その人物をその人物たらしめる、特別な本性なのである。

あなたの個性は、あなただけがもった、けっして他の人にはない何か……。

すべての人には必ず、なにがしかの個性がある。

個性豊かだね、個性が強いね、と言われる人には、それがたくさんあるということだろう。ありすぎて、社会に適応できない人もいるかもしれない。

足りなすぎて、社会に埋もれてしまう人もいるだろう。

大事なのは、多くても少なくてもその個性を上手に際立たせ、その個性によって世の中にしっかり認識されたり、周囲から一目おかれたり、社会に役立ったり、人に好かれたり、おもしろがられたり、何かに抜きん出たりする強いパワーに転換できることだ。


じゃあ、どうやって個性を発揮するのか、ということだけれど、その前にまず大事なのは、自分の個性をしっかりと理解することである。

せっかく素晴らしい個性があるのに、その個性がわからなかったり、見つけられなかったり、そもそも気づかなかったり、もっとひどいことに、自分特有の個性を嫌う人までもいる。

個性というのは他とは完全に区別されるものだから、ある人は、自分が他とは違うことでその個性を嫌ったり、それを自分の悪いところ、欠点と勘違いしたりする。

じつにもったいない話だ。

だから、ぼくは学生諸君に「それが君の個性じゃないか。そこを伸ばせばいいんだよ」などと教えたりする。

すると「え、これが、ぼくの個性？」と驚く学生が多いのだ。

他とは違う本性なので、その個性のせいで自分がよく思われていないと勘違いをして、そもそも個性を伸ばせないでいる。

逆をいえば、自分にとって避けたい本性のようなものがあるなら、それが個性の芽である可能性を含んでいる。

個性というのはそのくらい、社会性とは正反対のベクトルだったりする、と思っておけばいい。

当然、人から嫌われがちな個性もあるということだ。

要はそれを理解し、逆手にとることが大事なのだ。

自分特有のパーソナリティを理解することからはじめてみよう。

しかし、ここで例を挙げて解説するのはひかえておく。個性とはこういうものでしょう、と言葉にしてしまうと、イメージを限定させてしまうからだ。

あらゆることが個性になりえるので、そこは超フラットな感覚で、自分のことを率直に観察してみるのがいい。

「あ、もしかしてこの性格、これって私の個性なのかしら」と、半ば勘違いしてみるというのか、とかく人に批判されがちだった性格を生かす方法を探してみること。

これは自分の個性だから、と割り切ることも大事だったりする。

もっとも、個性とは「こうである」と特定しにくいのも事実だ。

そこらへんは厳密なものを探し求めないほうがいい。

アバウトに自分の個性をつかみ、その能力を社会にコネクトさせていくような努力を積んだとき、その個性はいつか実を結んでいく。

ぼくの場合は、いつもまわりが教えてくれた。

「辻くんって、めっちゃ変わり者だよね」

小学生のころに言われてから今日まで、ほぼ99％の人から「普通じゃない」とイメージのよくない烙印《らくいん》を押されてきた。

しかしぼくのおもしろいところは、それをそのつど「そうかあ、それが俺の個性なんだよなあ」と、前向きに受け止めてきた点にある。

この前向きに受け止める力こそが、ぼくの個性だったのかもしれない。

いろいろな個性が存在するので、それぞれが方法を見つけて育んでいくしかない。

自分をしっかりと知るとき、その人特有の個性が出現するのである。

天才なんていない。天才といわれる人は、持続力の持ち主である

好きなことを究めるほうが、嫌いなことをやってストレスを抱えて生きていくよりも数段健康的だし、そのほうが人生は楽しくなる。

けれども、みんなが好きなことを目指せばそれだけ希望者が集中し、仕事なら競争率が高くなり、そこで頭角を現すのは至難の業ということになる。

たとえば全員が人気ユーチューバーにはなれないように。

逆にみんながやりたくないことというのは、みんなが嫌うのでお金にはなる。

この悩ましい選択が一生つきまとうのが、人生というものだ。

お金は稼ぎたいけれど、ストレスを抱えるような仕事はしたくない——人間なのだから、

こういう考えをもっても仕方がない。

どんなふうに生きても一生は一生なのだから、楽しく、幸せに生きて死にたいじゃないか。

ぼくらの一生を壮大なチャレンジの場だとしよう。

そもそも一生というのは万人に与えられた自由時間で、その時間は個々人が好きなように動かすことができる。

そういうことを、ぼくは大学生のころに考えていた。

そのときぼくが導き出した、いくつかの方法がある。

みんながいい大学を目指し、一流企業が安泰だと信じていたときに、ぼくがひとりで実践していたことだ。

もちろん、それが正解とはいわないけれど、狭き門だけが人生じゃない。

1、不安でも、人と同じことは目指さない。

2、必ずまだ誰も見つけていない別の方法があるはずだから、探す。

3、目標達成への近道は、迂回《うかい》である。
4、つねに3つの目標をもち続ける。
5、最低限のたくわえを確保し、なんなら一度、お金のかからない最低限の生活に落とす。
6、目標が決まったら、1年間は修行僧のように、毎日24時間そこに集中をする。
7、1年たって成果が出ない場合は、ひとたびあきらめて次の目標に移る。
8、新しい目標を見つけたら、1〜7を繰り返す。

たぶんぼくは、20代のころからこういう生き方を続けてきた。

なんとなくうまくいったものもあるけれど、失敗したもののほうが圧倒的に多い。

でも、つねに好奇心をもち、3つの目標を抱えているので、ひとつがうまく機能しなくても絶望は(ちょっとしか)なかった。笑
時間のかかるものもあるので、一度あきらめた目標が、のちに復活することもあった。

ただただ一生懸命、楽しく、自分の道を究めることが重要になる。

楽しければストレスはかからないので、持続することは可能である。

この「持続する力（継続する力）」が大事なのだ。

持続する力こそが、目標に到達できる唯一の力といっても過言じゃない。


才能がないのではなく、持続する力や根気が足りないのである。

ここに「工夫する力」や「ひとひねりする機転」が加わると、最強になる。

「絶対に何か突破する方法がある」と思い続けて、着眼点を探すこと。

着眼点は無限にあるので、そこは楽しみながら、みんなとはちょっと違う道を探せばいい。

道が決まったら、とことん、まい進する。

その道が曲がりくねった山道であっても、不安になる必要はない。

こういう道は、みんなが通りたがらない道だからこその〝チャンス街道〟なのである。

「成功とは何か」という問題が、目標にはつねについてまわる。

人生そのものを楽しむことができた人が、じつは人生の勝者なのだと思う（何をもっ

て勝者というのかは、あなた次第であろう。ぼくは自分が笑顔になるとき、やった！と思っている)。

一度しかない人生を、果敢に、生き生きと、生ききること！　それが大事だ。

いい人でいるのをやめてみる。多少、嫌われても本音で生きる

ぼくがいちばん警戒している言葉が「いい人」なのである。

いい人というのはつまり「可もなく不可もない人」だったりする。

いい人＝「どうでもいい人」の場合が多い。

世の中はいい人であふれかえっているが、１００人集まってもあまり変化がないのが、このいい人たちの特徴である。

「悪い人」ではダメだけれど「ヤなやつ」「変な人」「変わった人」「不思議な人」「気難しい人」「面倒くさい人」くらいのほうが、人間味があってよかったりもする。

ぼくは誰とでも仲よくなりたいとは思わない人間なので、ちょっとくらい嫌われてい

る人のほうが、筋が通っていておもしろかったりするしね。

「この人、めっちゃいい人です」と誰かに紹介されるときのほうが「ふーん」という感じになってしまう。ひねくれたやつなのである。

ぼくなんか間違いなく、まわりの人から「変わり者」というレッテルを貼られていることは〝決定〟なので、もうそれだけで気が楽だ。

「辻さんはいいんです。そのままでいてください。なんでもありですよ」

これ、ほめ言葉なん?

いっつもこう言われて落ち込んでいるぼくに、あなたは気づいているのだろうか?笑
間違いなくぼくは、このまま頑固じじいになっていくのだろう。

でも、ぜんぜん気にしない。

もうすぐ田舎にこもることも決定したので、ますます社会から離れていくわけだから、人間関係を気にしなくていいので楽ちんである。

「さびしくないですか？」

誰かに言われた。ぼくは笑った。

さびしいからみんな我慢をして「いい人」になって、ますます無理をして、自分をすり減らしていくのでしょ？

そんなのごめんだね、と思う。

さびしいと思うことにも疲れたぼくは、むしろせいせいしているのだけど。

それに、みんなに対して偽った自分を構築していくのは、マジで超ストレスになる。

ストレスがいちばん生きにくくさせる要因だからね、ストレスとさびしさだったら、さびしいほうが気が楽でいい。

ストレスは寿命を縮めるばかりじゃなく、老化を促進させるし、人間性を損なわせる。

それに今の時代、ＳＮＳもあるし、田舎に引きこもっても、ぼくは世界中の誰とでもつながることができる。

神出鬼没の変わり者になるチャンスじゃないかね！

ともかく、無理して「いい人」でいようなんて思っていると、本当に自分を失ってしまうからやめたほうがいい。

ずいぶん前になるけれど、ある人が「人脈」という言葉をやたらと使い、それがビジネスにとって大事だと豪語して、ぼくにいくつもの名刺ボックスを見せたことがあった。その1枚を引き抜いて「この人はどういう人ですか？」と聞いたら「深い話は一度もしたことがない」と言ったので、ふたりで大笑いをしたのだった。

最近その人から、名刺を携帯に入れるすごいアプリが開発されて人間関係の交通整理が便利になった、と自慢のメールが届いたので、深い話をしたことがない人のリストが完成したんだね、と送り返したら、あはは、そうです、と戻ってきた。

でも、それで人脈があると思い込めるこの人は、ある意味で孤独の天才かもしれないね。

何を言いたかったのかというと、ぼくはぜんぜん自分勝手な変なおじさんだから、楽だし、気をつかう人もほとんどいないので、ストレスはあまりない、ということである。

「でも、辻さんはそれでいいかもしれないけど、そういう変わり者になるのはなかなか難しいんですよ。辻さんだって、いろいろと言われて心を痛めて、今の変人ツジがあるんでしょ？　私はそっちのほうがストレスだから、その境地にいく前に死んじゃいます」

という意見もあるだろうね。笑
しかし要は、自分の人生なのだから、それもこれも含めて自分で決めるしかない、ということだろう。

ただ、もしも周囲に気をつかいすぎてクタクタになっているならば、原因は絶対に〝いい人でい続けるから〟じゃないだろうか……。

長い人生なんだから楽しんだほうがいいし、誰の人生だよ、と自分に言い聞かせて、わが道を行けばいいのである。

個性とは何か。個性を探すためにやるべきこと

昔、今から30年ほど前のことである。

とある国立大学で講演会があり、その質疑応答での忘れられない一場面がある。

当時のぼくは作家になりたてで、まだえらそうにできるような立場でもなんでもなかったが、大講堂に集まった学生たちの質問に答えなければならない状況にあった。

司会者さんが
「辻さんはどうやってミュージシャンや作家になれたのですか？　何か学生にアドバイスはありますか？」

と質問するので

「人と違う道をあえて選んで生きてきました。それは不安だらけの道のりでしたが、ぼくは自分を信じて突き進みました。まだその人生ははじまったばかりだから、ここからもっと試練や闘いがあるのだと思います。みなさんも恐れず、人と違う道へバンバン飛び出し、個性を磨いて独自の世界を築いてください」

というような、当たりさわりのないことを言ったのである。

その直後の反論などは想像だにせず……。

ひとりの学生さんが手を挙げた。

「辻さんはECHOESをやって、すばる文学賞をとって、成功者だからそんなことが言えるんですす。でも、ぼくらはまだ何者でもないから、そんなことを言われて、はいそうですか、って道を飛び出すことなんかできない。仮にそれを信じて飛び出した人の人生が狂ったら、辻さんは責任をとれるんですか？」

彼はおとなしそうな学生で、でも、言葉はとげとげしかった。

ぼくはいきなり頬を叩かれたような感じになり、目が覚めてしまった。

しばらくじっと、その青年を見つめていることしかできなかった。

「いや……しかし君、ぼくに責任をとらせてどうするんだい？　それは君の人生じゃないのかい？」

「でも、あなたがここで重みのある発言をし、ぼくらの誰かがそれを信じて行動に出て、個性なんか出せずに世の中の大きな渦でおぼれ死んだら、あなたは素知らぬ顔でおられるのでしょうか？」

ぼくはそのおとなしそうな青年の顔を、もう一度見つめ直すのだった。

その子はぼくに喰《く》ってかかっていた。そうだ、ケンカを売るような勢いであった。

「ちょっと待って。ぼくは司会者さんに振られたので意見を言ったまでで、なんでそこまで君らの責任をとらないとならないのかわからないし、こうやって強く発言できる君は、すでにかなりの個性を獲得していると思うんだけど、みなさん、違いますか？」

そう言うと、会場が笑いに包まれた。

しまった、と思った。火に油を注ぐような行動であった。

青年は顔を真っ赤にして言った。

「成功している人は、なんとでも言える。ぼくらに必要なのは、ぼくらの苦しい気持ちを理解した立場で、ぼくらに必要な助言をする人です！」


この子はすでに獲得しているじゃないか、個性を！


そのときぼくは30歳で、彼は20歳前後だったと思うから、今もしその彼が生きていればば50歳くらいじゃないかと思う。

人間は成人してからはそんなに変わらない、とぼくは思っている。

今でも彼は自我の強い人間でいるのだろうか？　いるに違いない。

会ってみたいな、と思い出した。


「君はきっと30年後、ぼくよりもすごい何かをしでかしているな。ぼくは20歳のころ、こういう壇上にいる人間に、そこまで喰ってかかることができなかった。こういう言い方で君が納得するかはわからないけど、未来のぼくはたぶん、今日の君のことを忘れていないだろう。君はどうだろう?」

するとその優等生は、不敵な笑みを浮かべて着席した。

腹が立ったけれど、その彼は今、なにがしかの人間になっているのじゃないかと思う。ぼくはそういう反骨精神が大好きだ。

地味で目立たない感じの青年だったけれど、その存在は、あれから30年以上が過ぎた今も、ぼくの中でしっかりと焼きつけられている。

つまり、それこそが個性だと思う。

理屈じゃなく、そのときのすべてに対して疑問をもつことができる闘争心とか、反抗心とか、素晴らしいじゃないか。

「ぼくは今日、君に打ちのめされた。君の存在はきっとぼくの人生の中で、忘れられないものになるだろう。つまり、君にはすでに圧倒的な個性がある。だから、君は『成功者』なんて言葉を短絡的に使っちゃダメだよ。君はすでに際立ち、異彩を放ち、するどい視点をもって、この世界と対峙《たいじ》できているんだから……。そんなに言うなら、君が恐れている成功とやらを目指してごらんよ。きっとそうすることで、君は君自身の個性がなんたるかを知ることができるだろう。ただし、ぼくはそういうものを目指したことなんか一度もないんだ。きっとこれからも、成功なんかは目指さない。ただ文学を愛していて、音楽がぼくのすべてというだけだから……」

どうしたら人生をより楽しく、おもしろくさせられるのか

「生ききってこその一生」である。

もっと正確に言うなら、自分の人生を余すところなく使いきれ、ということだ。

やる気が萎《な》えたり、多少鬱っぽくなったり、人生を放棄したくなることもあるけれど、そういうときにこそ人生を好転させるチャンスがある、とぼくは思って生きている。

「ダメだなあ、何をやっても」というとき、むしろ「よし、これはチャンスだ。人生を大逆転してみせるぞ」と逆転の発想で乗りきってきた。

死にたくなることもあったし、四面楚歌に追い込まれたことも、絶望したこともあったけれど「ぼくは人生を投げ出すのが得意じゃない」と自分に言い聞かせ、思い込むこ

とで結局、そういう苦しい時期を乗り越え続けてきた気がする。

思い込みも大事だ。

本当にそういう思い込み、大事なのである。

人生に対して強い人間なんてそうはいない。ぼくもじつに弱い人間である。


人生は短いのだから、落ち込む暇なんかない。ぐずぐずしているのがもったいない。

一生は交換できないのだし、与えられた一生を最大限有効に使いきって死にたい。

つねにそう考えている。

借りたレンタカーを路上に放置している場合ではない、乗り倒すことに命をかける。

落ち込むのもレンタルされた時間に入っているわけだから、そんなことで動けなくなるより、さっさと車に乗って、もっと楽しい世界へ旅立つほうがいい。

素直にそう考える人間なのだった。


ぼくは自分の人生の計画を立てるのが大好きだ。

やる気が出ないときは1日、仕事を休んで「計画日」とする。

これは本当に元気になる。

未来しかないのだから当然であろう。

朝からひとりで作戦会議をやる。

午前中は自分のこれまでの反省に立って、どうやったらおもしろく生きられるかを討論する。

昼食後、まずは文房具屋へ行き、ノートを買うことからはじめる。

真新しいノートがやる気を連れてくる。

真っ白なのだ。ページが！　そこに未来を描けばいい。

なじみのカフェに入り、ノートに新しい挑戦のスケジュールをどんどん書き込んでいくのである。


そのノートは、きれいに使おうなどと考えてはいけない。

思いついた作戦を次々に書いていく。

200円くらいのノートを、自分の未来で埋め尽くすのだ。

200円どころか、もっと広大な価値が生まれる。

4月、5月、6月のページをつくり、その時々でこういうことをやってみたい、と書き込んでいく。

人間は作戦会議が好きなのだ。わくわくするじゃないか。

そうやって自分の未来を想像していくと、必然的にやる気が生まれてくる。


雑誌などを開くとよく「やる気を出す方法」が書かれている。
1、朝ごはんを規則正しく食べる
2、よく眠る
3、適度な運動をする
こんなの当たり前すぎて、これでやる気が出るなら誰も困らない、と思ったら笑えた。

やる気って、自分を焚《た》きつけることなのだ。

大事なのは「まず何かはじめてみる」ということだったりする。

「エンジンをかけろ」とぼくは自分に発破《はっぱ》をかける。

さあ、ノートを買いにいこう。
そして1ページ目を開き、そこに自分の未来を好き勝手に描いてみよう。
そういうことが自分を楽しくさせる。

可能性しか見ない。
ぼくは苦しいとき、可能性だけを見るようにしている。
人間は与えられた一生を、自由に生きる権利があるのだから。

日々、わくわくしてしょうがない。
この〝わくわく〟を見つけることも、一生を生ききるうえで大事なことなのだ。
ぼくは幼いころから、来世にとらわれず生きてきた。
先を考えて今を生きるのは、今を侮辱することであり、今を放棄することだ。
この人生をしゃぶり尽くしたら「はい、終わり」で、納得してこの世を去りたい。

納得できるまで生ききるのだ、と自分で決めると元気が出る。
実際にここまで書いて、ぼくはかなり元気になった。よし！
自分をその気にさせる天才になればいいのだ。
そうすれば人生は逆転するし、楽しくなる。
「くよくよして生きるの、得意じゃないんです」でよろしい。

つまらない世界を楽しく変えることが、人間の生きる目的なのである。

退屈なこの世界を変えるための魔法について

ぼくの子供時代の口ぐせは「何かいいことないかなあ」であった。

毎日、今日は何かいいこと起きないかなあ、と思いながら日々を過ごしていたけれど、いいことはなかなか起きてくれなかった。

学校から家に帰るまでの間とか、ベランダから外を見まわしながらとか、宿題をやっている最中なんかに「何かいいことないかなあ」とつぶやく。

でもこれが、いいことってなかなかやってこない。

辻少年はある日、こない、とつぶやいてしまった。

「何もいいこと、こないじゃないか！」

同時に「何かいいことないかなあ」というのは、あまりに虫のいい話だと思うようになり「何かいいこと探してみよう」に考え方を改めるのだった。小学校中学年くらいのことである。

待っていてもこないのなら、こっちから出向いてやれ。

待つだけの人生というのはつまらない、と辻少年は気づいたのだった。でかした。

そこから人生は動きはじめる。

じゃあ、ぼくが思う「何かいいこと」ってなんだろう。

辻少年はそこから探りはじめた。

もしかすると、それを探求心と呼ぶのかもしれない。

〝どこかにあるであろう、いいこと〟を求めて動きだすのだけど、最初はまったくわからない。

そこで、親とか親戚とか学校の先生とかに、どうやったらこの退屈な気持ちを変えることができるだろう、と相談してみた。


誰かが、本を読め、と言った。

いちばん本を読まなそうな親戚のおじさんだった。

誰かが、何か作ってみろ、と言った。

誰かが、打ち込めるものを探せ、と言った。

誰かが、趣味をもて、と言った。

誰かが、アクションを起こせ、と言った。アクション？　ちんぷんかんぷん。

よくはわからなかったけれど、じっとしていても何も変わらないんだ、ということだけはわかった。


何かいいことは、何かしないと見つからないもの。

何かいいことは、こちらが動いたときに出てくるもの。

じゃあ、いつも父さんが読んでいる新聞を、自分で作ってみたらどうだろう？朝刊を郵便受けまで取りにいくのがぼくの朝の仕事だったので、これはなんだろう、と思ったことがきっかけだった。

なんで大人は新聞を読むのか、気になって仕方がなかった。

じゃあ、自分で作ってみたらいいじゃん。

なかなか発想がユニークだけれど、ともかく、ぼくは新聞を作るようになった。

自分のまわりで起こったことなどを文章にして、絵を描いただけの家族新聞だった。

当時の新聞広告は裏面が白紙のものが多かったので、そこを利用した。

おこづかいの額が少ないことへの不満とか、トイレに出る幽霊の話、おねしょを隠蔽《いんぺい》した事件の捜査状況、母さんが作った料理の絵とその詳細（たとえば、母さんに習ったハムエッグの上手な作り方など）、詩とか掌編小説とか、シナリオの断片のようなものもあり、最後に誰かの似顔絵を載せた。

この似顔絵がたいへん好評だった。

最初は父さんの似顔絵を描いたんじゃないかと思うけれど(波平さんみたいな絵だった)、自分に絵の才能があるということがわかり、漫画家を目指すきっかけにもなった。同級生らと「平和町少年漫画クラブ」を立ち上げ、漫画誌を1部だけ制作した。それは本当に傑作な漫画誌だったのだけど、その唯一の1部を紛失してしまい、さらにぼくは北海道に転校になったので、漫画家になるという夢はそこで消えた。今となってはよくわからないけれど、仲間がいなくなって立ち消えたのだった。

しかしこの「辻新聞」は、ぼくの作家としてのはじまりを予言していた。広告の裏に描かれる小さな世界が愛《いと》おしいなあと思った。まさにそれが「何かいいこと」だったのだ。

思えば今こうやって「Design Stories」を主宰しているのも「辻新聞」となんら変わらない動機の賜物《たまもの》だと思う。

何かいいことないかなあ、何かおもしろいことないかなあ、の精神である。

ここ最近、スウェーデンの留学生や、すでにプロとして書き続けている年配の方、昨日はパリ郊外に住んでいる元ダンサーの若い主婦（ご主人がフランス人）から原稿が届いた。掲載してほしい、というのである。

特に大々的な募集をしているわけじゃないけれど、書きたいという気持ちがよくわかるので「どうぞどうぞ」と受け付けている。

いいなあと思うものはリライトなどを手伝って、掲載までをサポートする。

そのときのぼくは、何かいいことを探していた辻少年の手を引くような気持ちなのだ。

「Design Stories」自体がだんだん、何かいいこと、に成長してきた。

でも、その根本にあるものは結局、小学生のころと変わらない「何かいいことないかなあ」なのである。

ハッピーさんに出会うと、人生がちょっと愉快になる

一生は一度である。

これはもう変更できない真理だ。

しかし人間というものは、一生は一度だ、ということを忘れがちになって、つい、くよくよしてしまう。

人間だから仕方のないことだが、苦しんで生きても一生、悩み続けて生きても　生、楽しんで生きても一生なのである。


どのような苦しい現実下にあっても、楽しそうに生きている人たちがいる。

片や裕福な環境に生まれ、幸福な場所、広々とした空間で育ったはずなのに、苦しそうに生きている人たちもいる。

要は考え方、とらえ方の問題である。

ぼくもこう見えてずいぶんと悩んで生きてきたけれど、悩みすぎたり、苦しみすぎたり、考えすぎたりして、今この瞬間の人生をつらくしてしまう、それだけじゃなく、そのせいで人生を終わらせようと考えてしまうのは、じつにもったいないことだ。

そんなちっちゃなこと、もうどうでもいいじゃん。

頭や心を切り替えて、毎日を楽しむ権利が人間にはある——そうやって生ききってもいいのじゃないか。


「自分、今、楽しいかな？」こう、ぼくは自問する。

「楽しくないね」もしも、こういう答えが返ってきたら「じゃあ、楽しめよ」と自分を笑い飛ばすことにしている。

最近、ぼくは「ハッピーさんを探せ」を実践している。

自分がつらくなるのは〝ハッピーを生きる人〟を見ていないからだ、というのがぼくの哲学なのだ。

フランス人に限らないと思うが、しかしフランス人にはけっこういる、どう見ても自分の人生を楽しんでいる人たちというのが……。

そういう人に出会うと、ぼくは「いたいた、ハッピーさんがいた！」とうれしくなる。

先日、愛犬の三四郎と散歩していたときのこと。

電動自転車に乗ろうとする男性がヘルメットをかぶった次の瞬間、音楽をかけはじめた。テクノミュージックだった。

大統領府に近い路上にシンセサイザーのピコピコとした音楽が流れだし、周囲の人たちが振り返る。

ぼくたちは3メートルほど手前だったので、真正面にその人を見つめる格好となった。

そのムッシュはあごでリズムをとりだし、電動自転車の横でほんの一瞬、流行《はや》りのダンスを踊った。

それはまるで朝のラジオ体操のような感じだったが、数秒ほど体を動かしたあと、自転車にまたがると、颯爽《さっそう》と街路樹が立ち並ぶ大通りへこぎだしたのである。颯爽と！

「おお、久々の大物ハッピーさんだ！」

ぼくはうれしくなった。

世界がどんな状況であれ、自分のハッピーをもって生きている人は、ぼくを喜ばせてくれる。

最近、うちの近くの芝生の公園のど真ん中に、夜になるとテントを建てて寝ている若いムッシュがいる。素性はわからない。

朝、彼はテントをたたむ。それは立派な三角形のテントなのだけど、たたみ終えるとリュックサックサイズに収まる。

ムッシュはスーツを着ており、そのリュックサック、そして書類の入ったバッグを抱えて通勤(?)する。

で、夕方、再び三四郎と散歩に出ると、同じムッシュが公園のど真ん中でテントを設営している。スーツは脱いでいて、ジャージ姿だ。

「おお、ハッピーさん認定！」

ぼくは思わず叫んでしまうのだった。

もしかしたら近所の人で、アウトドア派なのかもしれない。

狭い家の中で寝るよりも、外は晴れていて心地いいし、公園を独り占めしたほうが楽しいに決まっている。

誰にも迷惑をかけることなく、パリの中心地を自分のものにしてしまうこのムッシュは、ハッピー道の天才かもしれない。


ある日、別の公園を三四郎と散歩していたら、ムッシュふたりが、縦長の会議テーブルを森の入口にセッティングしていた。

三四郎が動かなくなったので、一緒にしばらく様子を見ていると、彼らはカクテルのセットを保冷バッグから取り出し、夏を楽しむお酒を作りはじめた。

さらに応接セットを運び込んで設置するころになると、どこからともなく人々が集まってきて、宴会がはじまった。

定期的にやっている、ハッピーさんの集まりなのだった。

「世界にはこんなにハッピーさんがいる、素晴らしいことじゃないか！」

ぼくは三四郎にそう告げた。

周囲に関係なく、しかし迷惑をかけることもなく、自分の人生を楽しんでいる人を「ハッピーさん」と呼ぶことで、ぼくはこのギスギスした社会の中にも、ちょっとしたさわやかな風を感じることができるのだった。

通常であれば〝変わり者〟で切り捨てられる人たちだけれど、ぼくには愛おしい。

「ハッピーさん万歳！　あなたを目撃できて、ぼくの今日がまたちょっと愉快になりました」

みんなと違う道を歩きだす勇気。そのとき、あなたは自分流に出会う

結論からいうとぼくは、人と同じ道を歩かないことが物事を達成させるいちばんの方法じゃないか、と思っている。

何をもって成功と呼べばいいかはわからないけれど、たとえ同じ方向を向いていても、ちょっと違ったルートを歩く、つまり、アプローチを変えることで、自分にしかできない独自のやり方を発見することができるのじゃないか。

独立独歩とか、英語だと「GOING MY WAY」なんて言葉で表現されるけれど、わが道を行く、という生き方の実践である。

わが道を行くというのは、意識してまわりの目を気にせず、自分の判断で独自のやり

方を見つけて進んでいくということだけれど、これが簡単そうで簡単ではない。

人と違う道を歩くとき、やはり人間は臆病になるものだ。


ぼくの話をしよう。

ぼくがミュージシャンや作家という道を歩きだしたとき、まず思いきってやったのは〝退路を断つ〟というはじまりであった。

みんなと同じ方法で生きていたらその中に埋もれて這《は》い上がれなくなる、と思ったので、就職とかいう選択肢をいちばん最初に捨てた。

これにはそうとう勇気がいったけれど、何かをはじめるとき、大事になるのは人生の大決断だということはわかっていた。

そして、自分には必ずなにがしかの才能がある、と思い込んだ。これが2点目。

〝思い込む〟ことができない人は、才能を開花させられないのだ。


今でも思うことがある。

じつはぼくのまわりには、ぼくよりも才能のありそうな人がごまんといた。センスも学歴も豊富で、いわゆる頭もいい人たちだったけれど、彼らが作家やミュージシャンになれなかったのは、決断して退路を断てなかったからじゃないかな。

逆をいえば、みんながびびって普通の階段をのぼっていったので、ぼくは裏山にまわり、険しい崖をのぼって、自由業で生きる手段をつかむことができた。

ぼくは大学生のときに音楽をやっていたわけだが、成城大学には研音というエリートの音楽サークルがあった。

ぼくはそこに入れてもらえなかった。理由は、メソッドをもっていないから。

そこで知り合ったやつに「辻、おまえはめちゃくちゃなんだよ。そんなやつが歌ってもいい歌手にはなれないし、うちのクラブに居場所はない。悪いことは言わないから音楽はやめておけ」と言われた。

今思えば、人生最大の侮辱だった。笑

しかし、それが大きな引き金になったのも事実だ。

ぼくは即座にバンドを結成し、自分を信じて、ソニーミュージックオーディションに応募をしてプロになった。

あのときそいつの指摘に従って音楽をあきらめていたら、ZOOもECHOESも世に出ることはなかっただろう。それだけのことである。


今でも思うことがある。

もしもあの連中が退路を断って裏山から獣道をのぼっていたら、ぼくなんかよりももっとすごい作家やミュージシャンになっていたのじゃないか……。

大事なのは最初、どこでふんぎるか、である。


才能というのはたぶん、自分には才能があると思えるかどうかなので、勘違いでも思えるかどうか、これが大事である。

うちの息子に「大学に行け、音楽なんかやっていると路頭に迷うぞ」とおどかしているのは、この程度のおどかしで道をあきらめるくらいでは成功しない、ということであり、ぼくはあえて息子を試しているようなところがあるのだ。

正直、17歳のころのぼくより今の彼のほうが、圧倒的にすごい技術や才能を発揮している。

でも、もっと大事なのは、その才能を後押しする〝向こう見ずな意識〟なのだ。

つまり、第一弾ロケットがない限り、どんなに優秀な火星探査機であろうと宇宙へは飛べない、ということである。

失敗するかもしれない、と考えて二の足を踏んでいるようでは、対岸までジャンプすることができない。

向こう見ずというのは、落下したり、おぼれたりするのを想像すらできない無謀さのことであり、勢いのことである。

これがあるかどうか、自分に問いかけてみることが大事だろう。

〝のめり込む力〟とでもいうようなものがある人は、まず迷わない。これが才能の第一段階だ。

で、じつはぼくなんかもそうだけれど、その思い込みだけでスタートはできても、今度はそこから人一倍の訓練とか修練とか、習得というものが必要になる。

勢いだけでは進んでいかない第二段階に入り、あとはがむしゃらに進むくそ力というのか、馬鹿力が試される。

もちろん、ただの無謀、ただの勢いだけの人はふるいにかけられ、区別されていくのだけど、それでも恐れず進んでいく人間にしか変化は訪れない。

絶対にこの商品は売れる、と思って開発を続けていないと、途方もない発明がやってこないのと一緒である。

ひとたびその商品がヒットすれば、才能は後押しされ、次々に道が開けるということもある。

枯渇という局面もくるのだろうが、のめり込んでいる人は、枯渇したことにさえ気づかないことが多い。

ぼくなんか最初から枯渇しているけれど、60歳までこんな人生を生きてしまったので、もはや普通に生きるということが何か、わからなくなっている。

まだ若いあなたにぼくが言えることは
「人と違う人生を生きるのは恐ろしいことかもしれない。でも、同じ道を歩んでいれば、そこに埋没して自分のよさを出せなくなるのだから、それじゃあイヤだと思う人は、わが道を探す生き方にシフトしていくのがいいだろう」
それは〝向こう見ずな力〟〝のめり込む力〟〝くそ力〟などをもつことであり、なにより、一度しかない人生にチャレンジさせる〝柔軟な頭〟をもつということにほかならない。
みんなと違う道を歩くことを恐れないとき、あなたはあなたにしかできない何かを手に入れることができるのだ。

努力をした人が、勇気をもって、信念を貫くとき、新しい扉は開く

人間にまず必要なものは「信念」だと思う。本当に、それだけだ。

第三者によるあらゆる攻撃に対しても信念さえしっかりあれば、それをスルーしたり、相手にしないことは難しくない。

逆に信念がなければ、振りまわされ、蹴散らされてしまうだろう。

では、信念とはなんだろう？

信念に関してはさまざまな解釈があるけれど、たとえば辞書を引くと「正しいと信じて疑わない気持ち」とある。

それが社会的には間違っていても、本人がいいと思えば「信念」。

人間が自分の意思で「間違いない」と思っていれば、すべて信念ということになる。

心の中心軸である。


信念というのはきっと誰にでもあるもので、信念自体は珍しくない。

この単語は「貫く」という言葉を後ろに配置して、はじめて意味が出てくる。

つまり「信念を貫く」である。

まわりの人間というのは奇抜な発想に対して、本当に反対ばかりする。

何か新しいことをやろうとすると、ほぼ間違いなくただちに「無理だよ。絶対にできない」と口出ししてくる。

これであきらめてしまう人は、残念だけれどそこまでだ。

他人の言葉であっさりあきらめてしまうのだから、残念だけれどその信念はたいしたことがなかったね、ということになる。

たいがい信念を曲げてしまうのは、こういう外野の意見によってである。

しかし、ここで邪念や雑音をはねのけてやり通したとき、つまり、周囲にできてしまった高い壁を自らの信念で打ちくだいて貫いたとき、新しいことは実現し、画期的な成果を生むことになるのだ。

簡単なことではないけれど、可能なことだと思うべきである。


ここで大事なのが「信念の貫き方」ということになる。

信念を〝高い目標〟にしてしまわないことが大事かもしれない。

それを生き甲斐だと思えることが大事で、長いスパンで成し遂げるための人生の目標ととらえる。

できるだけ楽しく取り組んでいこう、と間口をゆるやかにとって挑んでいくと、悲観的にならず長く続けることが可能となる。


そして、信念の貫き方においてもっとも大事なもの、それは勇気であろう。

背中を押す力のことを「勇気」と呼んで差しつかえない。

勇気を違う言葉に置き換えるなら、向こう見ずな力、ということになる。

ちょっと向こう見ずであることも重要で、それがないと、まず一歩が踏み出せない。大丈夫できるよ、絶対できる、と思い込む力のことだ。

そうだ、これがなければ信念は貫けない。

ゲーテの言葉に「あなたにできること、あるいはできると夢見ていることがあれば、今すぐはじめなさい。向こう見ずは天才であり、力であり、魔法です。さあ、今すぐにはじめなさい」というものがある。

なんとも勇気をもらえる言葉じゃないか。

もしかしたらあなたは天才かもしれないのに、あなたではない第三者に「無理でしょう」と言われたくらいでやめてしまうのは、じつにもったいないことだといえる。

やってみなければわからないのに、人の忠告でその才能を葬《ほうむ》り去るのだから、じつに愚かなことでもある。

あるいは多くの人が挑みながら、無理だと言われ挫折していったとしたら、そこにはチャンスがあるととらえられよう。

信念を貫き通せばパイオニアになれるのだけど〝無理壁〟の前で飛ぶことを断念してしまうのなら、自分を信じる力が足りない、つまり、勇気がない、ということなのだ。

新しいことをやり遂げた人を見てほしい。

彼らは自分を信じる天才だったにすぎない。

いや、それだけではないだろう、それを裏打ちするために必要なものがある。


ぼくは日々の「努力」だと思っている。

毎日コツコツとギターを練習していなければ、驚異的な演奏はできない。

いくら自分はすごい演奏家になると宣言しても、実際の力がないと、人を感動させるステージをつくることはできない。

勇気の前に大事なことがあった。努力である。

人一倍努力した人には、少なからず「自信」がついてくる。

この蓄積された自信こそが、勇気を生み出すのである。

努力もしないで自信をもっていたら、それはかなり危ない。

誰よりも努力をした人が、勇気をもって、信念を貫くとき、新しい扉は開くのである。
とっても簡単な方程式ではあるけれど、これが真実であろう。
そこに楽観的なスパイスが加われば無敵である。なお素晴らしい。
絶対できる、やってやろう、と向こう見ずに思うことが、無敵の中心軸なのである。
さあ、今すぐはじめようじゃないか。

Ⅲ・見方を変えてみる

人はなぜ焦るのか。焦燥感に負けない人生

「人生に焦り」を感じる人は多い。

理想どおりに仕事ができなかったり、イメージどおりに幸福を感じられないとき、人は焦りを感じるものである。

自分よりもうんと成功している人を見て、さらに焦ってしまったり、自分よりもずっと幸せそうな人を目撃して、自分がみじめになってしまったり。

「焦った」とつぶやくことが多くなるのが、人生というものだったりする。

ぼくがいちばん焦りを感じたのは、シングルファザーになり、子供が育って難しい時

期になり、振りまわされて仕事が思うようにできなくなり、そのせいで疎外感も増え、自分はみんなとうまくやることができないと思いはじめた50代半ばであった。

20代の一時期、40代の一時期にも強い焦燥感にさいなまれたことがあったので、この「人生の焦り」は周期的にやってくるものかもしれない。

見まわすと、ぼくとは異なりすいすい上手に生きている人がいて、何が自分と違うのだろう、と不思議に思うのだった。


昔、ぼくがロック歌手だけを生業《なりわい》にしていた20代のころ「歌おうとすると声が出ず、ものすごく焦って跳ね起きる夢」をよく見た。

デビュー直後のことだが、TBSホールで行われた公開ラジオ放送の途中で声がいっさい出なくなったことがあり、そのときのトラウマもあったかもしれない。

これを克服するには練習しかなかった。

過剰な自信ばかりが先立ち、その自信を裏づける訓練を怠っていたのだ。

ぼくはジムに通い、腹筋を鍛えた。ランニングを欠かさなくなった。

発声練習などしたこともなかったが、やるようになったら自信は経験で裏づけされていき、声が出るようになって、焦ることもなくなった。

しかし今度は40代のころ、芥川賞を受賞したあとに、何を書いたらいいのかちょっとわからなくなる時期があった。

渡仏した直後のことで、環境が変わり、現実を教えてくれる、またはアドバイスをくれる編集者と離れたことも大きかった。

同世代の作家たちが次々と素晴らしい仕事をしている知らせを受け、ぼくは焦るようになっていた。

これは単純に、ぼくが周囲と自分を比較して生まれた焦燥感だった。

まわりと自分を比較することは、もっとも愚かな行為である。

夢を実現しようと前向きになっているときは周囲など気にもしなかったのに、何かかげりを感じはじめると、とかく他人が目につくようになり、ナニナニさんは成功しているのに自分は……とか、ナニナニさんは幸せになったのに自分だけ……などと悪いほうに考えるようになる。

そういうとき、まずやらなければいけないことは「他人は他人、自分は自分」と世界と自分を分離し、絶対に比較しない生き方の実践である。


そんなことといっても周囲が気になる、という人は多いだろう。

ぼくは自分に言い聞かせた。この世は幻で、そんなやつらはいない。

いつか死ぬのに、ずっと誰かと比較していてもしょうがないじゃないか。

特に運転をしているときに気がつく、車は追い抜いたり、追い抜かれたりを繰り返している。ほら、人生なんてそんなものだ。

ぼくをびゅんびゅん追い抜いていく連中は、スピード違反で罰金を取られるかもしれないし、事故に遭遇するかもしれない。

昔、高速でぼくの車の後ろにつき、クラクションを鳴らしてあおり運転をしてきたスポーツカーが、数十キロ先のカーブを曲がりきれずに事故を起こした。

幸い、運転手は車から出て誰かに助けられていたけれど、これは教訓であった。

短期的な視野で世界を見ず、一生を尺度にして今を生きることが大事なのだ。

ぼくはそのことから学ぶことになった。


還暦を超えて、ぼくは焦らなくなった。

自分を信じ、訓練を怠らず、小犬に癒されながら、他者とは比較せず自分の仕事に没頭するとき、この焦燥感は自然と消えている。

焦って失敗を繰り返した過去の経験も役に立つし、あきらめる力も大事になる。

無理なものはスパッとあきらめ、コツコツと自分の道を究めていけばいいのだ。

その日々が、不安や焦りを払拭《ふっしょく》してくれるからである。

まずは焦らないために、自分の足腰を鍛える着実な訓練は必要となる。

いい文章を書きたければ人よりも書くべきだし、いい仕事をしたければ、黙々と訓練を続けるしかない。

ミスらないために、準備やメモや確認も必要になる。

20代のころのぼくは、無謀な生き方をしていたので声が出なくなることもあったが、訓練を40年続けて今は声が太くなり、そうとうな自信がついた。

人生そのものには焦っているのだけど、これは年齢的にしょうがないことで、健康に気をつけ、ときには覚悟も必要となるだろう。

そういうときはつねに、この一瞬一瞬を大切に生きる。

特に感染症の時代、先行きの不安に殺されそうになる日もあるが、今という瞬間を大切に生きることの繰り返しでつかむことのできる、着実な未来もある。

まずは今日を一生懸命に生きる、これが焦燥感をぬぐい去る、いちばんの方法だと記したい。

どうやったら疲れない人生を生きられるか、10の鉄則

なぜ、人間は疲れるのだろう。気がつくとヘトヘトになっている。

いろいろな人から「疲れた」というメッセージをもらうのだけど、そんなに疲れるのはどうしてだろう。

なぜ人間が疲れるのか、暇だから分析してみた。

1、それは、明らかにやりたくないことをやるからだろう。
自分が好きなことをやっているぶんには疲れない。ぼくはギターが好きだけれど、ギターを弾いて「疲れた」ということはめったにない。楽しいことだから「楽しい」気が巡って、

むしろ元気になるのだ。

2、無理して頑張るから疲れるのだ。

それは間違いない。しかし、生きているとどうしても無理をしてしまう。疲れた、と思うとき、それはどこかで無理をしている証拠だから、そういうときは、頑張るのをちょっとやめてみるのがいい。

3、我慢をするから疲れる、ということもある。

生きていると、特に人間関係などで我慢を強いられる。我慢をするのだから、疲れるのは当然のことだ。しかし、我慢をしない人間というのはめったにいないし、いたとしたら、社会的問題を抱えている人だったりする。ぼくみたいに……笑。せめて、我慢しすぎない自分を目指せるといいのかもしれない。

4、なんでも引き受けてしまって疲れる人もいる。

あまりにいい人であろうとしすぎて、頼まれたら断れない、という人。それで疲れる。基本は絶対に引き受けない、くらいのスタンスで生きているのがちょうどいい。どうしても仕方ない場合もあるので、そういうときだけ、疲れるのを覚悟で引き受ける。覚悟して引き受けると、前もって予防線が張られていることになるので、意外にそこまで疲れなかったりもする。

5、だいたい、他人と比較するから疲れる。

これは気をつけないとならない。人間のいちばん悪いくせだと思う。どんな人も必ず、誰かと自分を比較している。人間には生まれながらに闘争心があるので、大なり小なり、相手のこと、あいつのこと、あの人のことが気になる。でも、これが疲れる原因に占める割合は大きい。他人は他人、自分は自分、というスタンスをきちんと保つことが必要である。

6、まわりをよく見てもらいたいが、疲れさせる人間はいないか?

しょっちゅう疲れるのは、まわりにあなたを疲れさせる人間がいるからなのだ。愛しているから大丈夫です、という人がいるけれど、愛というのもいきすぎると疲弊する。愛の奴隷とか最悪なんだけど、それが盲目というとおり、相手のことがわからなくなってしまう。どんなに好きでも、自分をないがしろにしてはいけない。距離をきちんととって、いい付き合いを心がけたい。

7、なんでもかんでも信じすぎると疲れる。

疑いの目をもって生きていけ、とは言わないけれど、すぐに信じるのは疲れる要因のひとつ。そんなもんですかね、と軽くいなしておく程度が、楽になるコツでもある。

8、誰にでも彼にでもいい顔をすると疲れる。

これは当たり前のことなので説明は不要だと思うけれど、八方美人というのは自分がない人のことであり、ぜんぶの人にいい顔なんて、普通はできることじゃない。苦手な人にまで媚《こび》を売っていれば、それは疲れる。嫌いじゃなくても考え方や生き方は違う、というのが普通なのに、そのすべてにいい顔をしていたら、間違いなくヘトヘトに疲れるだろう。これはすぐにやめたほうがいい。

9、成功だけを目指すのは疲れる。

もちろん成功を目指すことが大事な場合もあるし、成功って人によってぜんぜん違うから一概にはいえないけれど、目指すなら、疲れるのは当然、と思ってガンガン目指せばいいと思う。そのうえで、成功を目指す過程——日常のこともちょっと考えられると、違った意味での成功が手に入るかもしれない。

10、自分を大事にしない人は疲れる。

どんなに儲《もう》かっていても、どんなに人から頼られ友達が多くても、それで自分が壊れたらおしまいだから、究極、自分をまず大事にしてもらいたい。自分を大事にするというのは〝これをやったら自分が苦しくなるか〟冷静に判断する余裕をもつことである。その余裕さえあれば、どんどん人生をチャレンジしてかまわないと思う。

ということで、好きなことには疲れない。

最初の話に戻るけれど、イヤなことならやめる。好きなことなら3日間寝なくても疲れない。

人間というのは、じつに現金なものである。

そして、自分の好きな人生を生きる人は、豊かな一生を手に入れられるかもしれない。

ぼく？　わかっていても、なかなかそうはいかないのが人生……。

疲れても楽しい人生を生きる、と決めているので、多少は覚悟もできている。

いい疲れ方で、いい汗をかけるよう、日々を切磋琢磨していきたいものである。

悪口・陰口と交わらない新たな生き方

「辻さん辻さん、あの人が辻さんの悪口言うてましたよ」みたいな通告を、たまーに受けることがある。

気にならないわけじゃないけれど、ぼくの場合、悪口・陰口の数は、普通に生きていらっしゃる善良な方々より、若干多いかもしれない。

正直、慣れてしまった。

でも、慣れていない人にとっては、人づてに聞こえてくる自分の悪口ほど心を痛めるものはないだろう。

ここパリにまでぼくの悪口が聞こえてくると思えば、世の中の狭さというか、悪意の根深さというのか、他にもっと言うべきことがあるだろう、と苦笑さえ起きる。

それと、人の悪口をわざわざ言いつけにくる物好きな輩《やから》のなんと多いことか……。味方を装って「あいつがこんなこと言うてましたで、大将。しばいたりますか？」と火に油を注いでくる暇人がいる。

ここまで記したとおり、世の中は暇だということにすぎない。


その根本に他人に対する焼きもちがあるなら、火元の人間の人生がうまくいっていない証拠でもある。

考えてみたらいい、成功していて、人に慕われていて、順風満帆なさわやかな人間が、路地に隠れて口をゆがめて他人の悪口を言うはずもない。

自分の人生がうまくいかないので、誰でもいいから目立つ人間を攻撃しているわけで、これは悪いほうの世の常であろう。

陰口や悪口が聞こえてきたら「あら、意識されているんだ」と、まずはあしらってスルーすべきだ。

これは勝負に値するだろうか？

悪口を言われて胸を痛めている人がいるなら、よく考えてもらいたい。

その土俵に上がる必要はいっさいない。

勝負はもっと上の土俵で、戦う価値のある人たちとやればいい。


そもそも、ぼくは悪口を言わない。陰口はもっと言わない。

言うときは直接、その本人に面と向かって言うことにしている。

文句を言ってくる人たちは陰にはびこるアノニムなので、反論したくても基本はできない仕組みなのである。

そういう相手とは関わらないに限る。

第一、悪口や陰口を振り払うことに使う労力がもったいない。

時間が無駄であり、それは不意に降りだした雨みたいなもの。

ならば、軒下に退避して雨がやむのを待てばいい。

土砂降りの雨の中に仁王立ちして叫んでも、疲れるだけじゃないか……。

悪口・陰口というのは、邪気の塊であることを想像されたし。

なぜぼくが人の悪口を言わないのかというと、その邪気は自分に返ってくる負のエネルギーになるからである。

いくら有機野菜にこだわって健康第一に暮らしていても、人間がひとたび負のエネルギーを体内に生産してしまえば、そこに大きな病気の根っこをつくることにもつながる。

負のエネルギーが負の物質を生産し、それが人間の細胞やニューロンを破壊していく、そんな気がしてならない。


ぼくはできるだけ邪気を自分の中に生み出さないよう、心がけている。

とにかく、悪口や陰口には近づかないこと。

絶対に関わりをもたないこと。

自分の中にイヤな感情が生まれた場合は、風通しのいい場所に出て、太陽の光を浴びながら深呼吸を繰り返す。

負は出ていけ、おまえは必要ない、と念じながら。これはけっこう効く。

悪口は邪気を生み出すと書いたが、それを思うだけで邪気は生じている、ということを念頭に入れておく必要がある。

悪意をもっている人間は、悪意をもっているということですでに心がむしばまれている。

これには気をつけないとならない。

復讐なんて考えないこと。

清らかに生きていこう、それが善良というものである。


もしも悪口を言われて苦しんでいる人がいるのであれば、簡単なことだ、もう気にする必要なんかない。

因果応報、放っておいても、悪口を言っている人々は自滅していくだろう。

一緒に滅びる必要はないので、さっさと離れて先へ行こう。

自分は自分の信じる道だけを、胸を張って、正々堂々と歩けばいい。

「自分は自分、ぼくはそことは関わらない」

そう思って先へ行くのが、賢い生き方というものである。

戦わずして相手を負かす。これこそが無手勝流である

誰にも教わらないで獲得した独自の方法を、我流とか自己流と表現する。ぼくも我流が多いけれど、我流だけでは行き詰まる。

「自分流」という方法は、我流や自己流とは少し違うとぼくは考えている。きちんと学んだり経験を積んだりしたもの、つまり、誰かから教わったこと、学校や社会で学んだことをベースにそこから発展させて、自分なりに新しい解釈や新しい方法を編み出し、自分独自のやり方を確立していくことを「自分流」と呼びたい。だから究極、自分流は我流ではないのだ。

基礎をしっかりと学んだ者が、その枠に満足できず、そこからもっと大きな可能性へと踏み出してつかんだ独自の手法を、自分流と名づけよう。

ぼくはそういう意味で、音楽も文学も、自分流かもしれない。

ギターを習い、文章の書き方をみんなと同じように小中高で学んだ。

学ぶことで終わらず、発展させたときに自分の色が出てくる。

たぶんぼくのギターの弾き方は、ぼくにしかできない独特の弾き方になっている。

まずピックを使わないし、最近はスペインを旅したときに出会ったスパニッシュギターの影響を強く受け、ギターを叩いてパーカッションにしながらコードを押さえる〝辻スタイル〟ができあがってきた。

これに、口で奏でるトランペット。

〝口トランペット〟と名づけているけれど、息子がビートボックスに傾倒していたときに真似てはじめたら、口でトランペットのような音色を出せるようになった。

バンドじゃなくても、ギターと声だけでリズミカルなバンドサウンドが出せるようになり、これでライブをやったりする。

まさに自分流なのであるが、いきなりできたわけじゃない。

40年近い歳月がかかっている、壮大な流派なのである。笑

ぼくは文学も自分流なので、デビュー時はいろいろと言われたものだ。

それでも30年も作家をやっていると、それがスタイルになって、正統派の人の文体がちょっと古くさく感じられたりもする。

日本語自体がつねに進化しているし、言葉は生きているので、その時代時代の言葉が存在するからであろう。

回帰したり進歩したりしながら、自分流はここでも深みを増していくのだと思う。


若いころは、好きな先輩作家の本がぼくの先生だった。

そういう偉大な作家を真似ることからぼくの文体はスタートしたと思うが、ある程度の経験と修練を積んだのち、力を抜いて書くことを覚えるようになり、そのうち自分

の文章の流れというものができあがってきた。

それはまさに自分流の真骨頂じゃないか、と思う。

そしてぼくの場合、映画を独学で習得した。

最近の作品は編集マンを使わず、自分で編集作業までをやっている。

この経験は小説にフィードバックされ、映画的カットのつなぎ方を小説に持ち込む方法へとつながり、つまり、時間の入れ子によって小説内に映画的な構造を持ち込むことが可能となった。

小説内時間移動が得意技になった今、時間そのものの概念を捨てた、まったく新しい手法に挑んだ作品を書いている。

たぶん成功すると思うけれど、時間はかかる。

毎日コツコツ、自分流を究めているところである。

誰かに教わったことを自分なりに解釈し、そこから経験のなかでそれを拡大させ、自分流というものは極まっていくのだ。

むやみやたらの我流だけで終わらせるものとは違う。学んだこと、経験したことへのリスペクトがあり、そこから飛躍的に新しい解釈で表現していくとき、自分流の門が開く。

ところで、似たような言葉に「無手勝流《むてかつりゅう》」というのがある。この言葉にはふたつの意味がある。よく使われるのは自己流的な意味のほうだが、もうひとつ、この言葉のそもそもの逸話がおもしろい。

戦国時代に塚原卜伝《つかはらぼくでん》という剣豪がいた。ある日、渡し舟に乗っていた卜伝は突如、同船していた者から真剣での勝負を挑まれた。とっさ、卜伝は、舟の上ではまっとうな試合ができないので岸に降りるよう促し、相手を先に降ろし、自分は持っていた釣りざおを使って舟を沖へと出した。あっけにとられている相手に卜伝は「戦わずして相手を負かす。これこそが無手勝流である」と言い残すのである。

卜伝は無意味な戦いをする気がなかったのであろう。

自分が命をかける戦いじゃない、と思ったに違いない。

あるいは相手は血気盛んな若者で、その者の命をここで奪うのは自分の生き方に反する、と思ったのかもしれない。

剣豪であれば、次々にこういう試合をふっかけられたに違いない。

無駄に命を奪い合うようなことに対しては、機転を利かせてかわすのも勝利の方法である、と剣法の達人は考えた。賢い判断である。


無手勝流とは、武器や道具を使わないで、自分流の方法で相手に勝つことを意味するようになるが、現代ではさらにここから転じて「自分勝手な方法」として使われるのが一般的になった。

けれどもその奥に、頭を使って無駄な戦いをせず、場をおさめて人生に勝利する、という意味があることを考えると、この言葉は自己流とか我流より、数段上の智慧《ちえ》を含んでいるように思う。

このような複雑怪奇な人間関係の時代、ぼくらに必要なのは、無手勝流のような自分流なのであろう。

くだらない誹謗中傷など相手にせず、釣りざおで岸辺を押して広大な海へと出てしまえば、川岸で騒ぐ悪口好きな世間と一戦まみえずにすむ。

なるほど、賢い考え方である。

地球を利用して体と精神をととのえ直す、地球運動のすすめ

とにかくぼくは今、健康に気をつかっている。

作家とミュージシャン、そのどちらにも気力と体力が必要なのである。

きっとどのような業種の仕事であろうと、気力や体力がなければ乗り越えることができない。

じゃあ、それはどうやって手に入れられるのだろう。

無理はいけないけれど、自分の肉体をつねに最高のコンディションに調整しておくことは必要だし、それ以前に、心が落ちたり病んだりしては健康な肉体を維持することができない。

肉体と心はつねにセットだと思って、双方から健康を保つよう心がける必要がある。

筋トレだけやっていても健康にはならない。

明らかにいえることは、健康的な精神こそが、最強の肉体をつくるうえでのいちばんの土台となる。

気力、精神力が充実していてはじめて、健康的な肉体ができあがるのだ。

そこで最近、ぼくは「食事、睡眠、運動」の3つの柱を日々の中心に据えた。


食事は野菜を中心に、バランスよく食べるようにしている。

しょうがやごま、にんにく、根菜、青野菜などを必ず取り入れる。

肉も食べるが、鶏肉が多い。

快眠のためには夜9時以降の飲酒をひかえ、電磁波から遠ざかり、カフェインは夕方以降は摂取しないようにしている。

そして運動は、数年前から「地球を利用する運動術」を続けている。

これはどういうものかというと、青空がよく見渡せる広い地面のある場所――公園とか浜辺へ行き、自分が地球と共存していることをイメージしながら行う、腕振り・腰振りの運動である。

この運動のいちばん大事なところは、大地に立って地球のエネルギーを受け入れるよう念じながら、同時に体の余計な力を落とし、腕を振り、肩をまわし、ウエストを左右に振ることである。

それだけの運動だけれど、そのわずか5分が体の調子をととのえてくれる。

もちろん筋トレやランニングもするけれど、それは対症療法みたいなものだから、その前に準備運動が必要であろう。

「地球を利用する運動術」は、こわばった体をゆるめ、思考も楽にさせてくれるのだ。

ポイントを、次にまとめてみる。

1、立つ。

自分が地球のエネルギーを受け取っていることを意識しながら、おおらかに大地に立つことが大事である。

2、視線を定める。

つねに水平の遠方を凝視する。地球と水平で対峙していることをイメージするといい。これが基本ポジションとなる。この先、体とともに頭も動くことになるが、視線の高さは変えずにキープする。

3、力を抜く。

体から余計な緊張を取り払い、だらりと抜けた状態を維持する。まず、その状態で肩をまわす。肩甲骨がごりごりと鳴る感じがいい。固まった血が溶けていくイメージ、こわばった筋肉がゆるんでいくイメージで行う。

続いて、腕を左右に振る。力を入れてはならない。ゆっくりと円を描くように振ること。

地球の対流が自分の体内で一致するように、ゆっくりと大きく自分流に振りまわしていく。その回転運動が腰周辺を動かすことになるが、ウエストは動いても腰骨は動かしてはいけない。体全体が揺らいでも、骨盤だけは動かないイメージである。足裏は大地と接続したまま、しかし、腰は水平を維持し、動かない。

視線は頭や肩と一緒に動くが、つねに同じ高さを見つめておく。

ひざに余計な負担をかけないよう、ひざはつねに骨盤やつま先と同じ方向を向いていることも意識してほしい。

4、継続が力。

この運動を毎日5分やるだけで、体の流れが意識でき、無理なく健康の手前を陣取ることができる。24時間のうちのわずか5分でいいので、ぜひ試していただきたい。できれば朝一番、人のいない場所で(コンクリートは避けてほしい)、地面と体をつないでいこう。

この「地球を利用する運動術」は、地球に自分を接続し、緊張をほぐし、血流をよくし、地球のエネルギーを吸収し、体をリフレッシュさせる運動になる。

ぼくは今63歳だけれど、柔らかい体を維持できている。

解剖学者のフィリップ教授のところでときどき、身体チェックを行っているが「辻さん、あなたの体(筋肉)は水みたいで驚くほどに柔らかいけれど、何かしているのかい?」と聞かれたので「地球運動術」について説明した。

すると、それはいい、とほめてもらえた。

解剖学的な見地から、肉と骨と血のゆるやかな関係が健康な体を維持する、ということで意見が一致した。

ともかく、だまされたと思って一度やってみてもらいたい。

そして、これはいい、と思ったら続けてもらいたい。

精神を研ぎ澄まし、邪念を振り払う運動になるので、心の安定にもつながる。

受験生とか、難しい仕事を抱えた会社員のみなさんにも役立つはずだ。

解説図はないけれど、自分流でやってみたらいいと思う。

基本は前述のやり方をイメージしながら、多少の自分流で大丈夫。
あなたの体は、あなたのものだからである。
健康はまず、健康な精神に宿るのだ。

以上、これが地球運動の基本、ファーストステップになります。

運気を必ず上げる、父ちゃんの運気アップ習慣

運気を上げたい、とみんな口にするが、よくわからないものである、運気とは……。

なんとなくだけれど「俺は運がない男なんだ」と言い続けている人って、その言い続けることで〝運が近づきにくい環境〟をつくっているように思うときがある。

運がないと認めてしまうから、運に見放されるということもあるのではないか。

だから絶対に、自分から〝運がない人間〟だと認めてはいけない。まずこれが第一点。

運がいい人って、最初からラッキーしか見てないというのか、それにしか興味がない。

「俺は運がいいんだ。大丈夫」と、つねにどんなときもポジティブにとらえている。

ぼくの知り合いに、倒産してひどい状態のときでも「絶対、大丈夫。なんとかなる。俺って運がいいんだ」と勘違いし続け、いや、言い続けて、本当に復活を手に入れた男がいた。それも何人かいた。

彼らを見ていると、運に見放されないぞ、という強い執念があって、少しでも運気が上がりそうになると「隙あらば」の勢いでラッキーを目指して生きていた。

あれはマジ、見習うべきだと思ったものだ。

そもそも、うまくいかないのを「ぜんぶ世の中が悪い」と言い続けているだけの人に、運が舞い込んだって話、聞いたことがない。

どんな逆境でも「絶対に大丈夫」と自分を信じてやり続けている人が、つまりは自らの力で運を舞い込ませているように見える。

以上のことからも「運」というのは、神や天まかせのものではなく、実際には自分でつくっているのじゃないだろうか？

自らが自らの力で運を引き寄せ、運を開いている。

よく考えてみてほしい、運のいい人には行動的な人が多くなかったか……。

じっとしていて宝くじに当たり続けた人に会ったことはない、けれど、頑張って成功した人ならたくさんいる。


「運」という漢字には「巡り合わせ、定め」という意味がある。

そして、運送屋さんの「運」と一緒だ。

そう考えると、運は誰かが運んでくるもの、もしくは、自分が運んでいくもの、ということにならないだろうか？

「運命」という言葉があるけれど、命を運ぶと書く。

つまり、運命というのは命を運ぶこと、人間のことだ。

人間は命を運ぶ運送屋なのだから、その長い活動のなかで、いいこともあれば悪いこともあるだろう。

それでも前を見て、必死で命を運ぶことが大事で、楽しく運ぶことも大事で、せっせせっせと一生懸命に運んでいると、いつかいい結果に巡り合えるのじゃないか、と思うのである。

それが運を引き寄せる、二点目に大事なコツであろう。

「不運」に慣れないこと。

大丈夫、絶対やれるから、と運気を引き寄せて、この与えられた人生を精いっぱい楽しみましょう！

自分に自信をもたせる秘策

「自信がない」と言葉に出すとき、その人の「自信がない」が決定してしまう。

このことをまず、頭に入れていただきたい。

自信というのは自分を信じる力なので、自信がない、とつぶやいた瞬間に自分は負けて、自信を放棄してしまうことになる。

それは同時に、自分を構成する細胞たちの戦力を喪失させてしまう、魔のつぶやきなのである。

自分の能力にある種の疲れを感じたら「大丈夫、ぼくは絶対に負けない」と言い続けることが大事だ。

「自信がない」などという言葉は、心の辞書から消し去ってしまうほうがいい。

そのうえで、ぼくが若いころによく実践していた「自信をもつための方法」について書かせてもらいたい。

最近はやらなくなったが、20代・30代、まだ自分が何者かわからない存在だったころ、つまり、世界に対して何ひとつアピールするものがなかったころにやっていた、自己発奮の方法というのがある。


ぼくは若いころ、ミュージシャンを目指していた。

小説や映画のシナリオも書いていた。

しかし当然のことだけれど、ぼくはまだ何者でもなかったし、世界はまだぼくを発見していなかった。

こういう前提のなかにいる自分には当然、結果というものがないので「本当にやれるかどうかわからない」状況といえよう。

だから「自信はあった」が、不安定な自信でもあった。

そこで、その不安定な自信を安定させるために、ぼくは「一人インタビュー」というものをよくやった。

どういうものかというと——まずは部屋の明かりを消す。

椅子を持ち出し、鉛筆をにぎりしめる。鉛筆はマイクを想定している。

ライトがあればつけよう。自分に向けておくのが効果的である。

光の向こう側にインタビュアーがいる、とイメージする。有名なニュース番組の司会者さんがいい。

その人が質問をはじめる。

「あの、辻さん、今回はいろいろとおめでとうございます。大変な道のりだったと思いますが、ここに至るご苦労話などからお聞かせください」

するとぼくは、思い出すふりをしながら、頬をゆるめてみせる。

「ええと、そうですね。簡単ではありませんでした。アルバイトをしながら創作をしていましたので、遊ぶ時間もなく、でも、創作は好きでしたし、手ごたえはありましたから、いつかこの作品が多くの人の心をとらえるというのはわかっていました。疑ったこともありません。自分は必ずできる、と言い聞かせていましたからね」

この笑っちゃいそうなインタビューはしかし、真剣にやらないとならない。今取り組んでいる「箸にも棒にもかからぬ可能性のある作業」が将来、大きく実ったことをイメージすることが大事なのだ。

そこから逆算するように経過を語る。

経過は今の苦しい自分の気持ちなので、すぐに言葉にできるはず……。

この一連が、今の頑張りはけっして無駄ではなく、必ず大きな結果を連れてくるのだ、というイメージを生む。

そして小一時間も続けていると、次第に高揚し、自己発奮させられていくのである。

若いころのぼくはインタビューも終盤に差しかかるころ、すっかりやる気になっていたし、すでに勝利しているような感じになっていた。

思い込みも大事である。

インタビューが終わり「辻さん、今日はありがとうございました。期待しています。これからも頑張ってください」と締めくくって部屋の明かりをつけると……そこはアパートの一室……笑

しかし、ぼくだけが見違えるように輝いている、という寸法なのである。

ぼくは若いころ、自信がなくなる前に必ず「一人インタビュー」をやることで、なんとか不安定な未来をたぐり寄せることに成功していた。

しかも、インタビューの直後は仕事がはかどる。本当です。

「自分を盛り上げる天才になろう」

これはぼくのスローガンだけれど、若いころにやった「一人インタビュー」こそが起源なのである。

今日あたり、部屋の明かりを消してやってみようかな……。

「誰の人生だよ」と、ぼくはぼくに言い続けている。これがぼくの口ぐせだ。
一生は一度しかない、自信を喪失している暇などない。

バランスを保って、しすぎないことが、穏やかに生きるうえで大事なコツ

期待や我慢をしてはいけない。そのことについて執拗《しつよう》に説いてきた。

けれども、人間だから期待をするのは当然だし、我慢をするのもいたしかたない。


悪口や陰口を非難してきた。

けれども、ほとんどの人が何げなく人の批判や悪口を言う。

長く生きていると、きれいごとでは解決できない問題にぶつかるものだ。

不条理な場面に出くわせば、どんなにできた人間であろうと自分を肯定し、他者を批判するようになる。

悪口とはいえないまでの〝うっすら悪口〟は、適度なガス抜きになるのだし、それはよしとすべきなのだろう。

気をつけたいのは「しすぎる」ということである。

「期待しすぎる」「我慢しすぎる」

しすぎることで、人間はストレスがたまっていく。

期待はしてもいいから、しすぎちゃいけない。

ときどきは適度な我慢も必要だが、しすぎちゃいけない。

悪口は極力、言わないほうがいいけれど、その感情が怒りや憎しみに変わる前に、ガス抜きをしておくのが賢明である。

たまにはこっそり悪口もしょうがない、くらいにしておくと、心が楽になる。

感情がほとばしるのは、人間なのだ、当然のことである。

悪い言葉を使ったあとに「ま、これくらい仕方がないな、お互い様だ」と思って、それ以上は言わなければいい。

すべてはバランスなのだ。それが生きるということだからである。

「もう本当に、うちの息子ったら自分勝手でダメなやつなんですよ」

こう不満をもらしておけば、次に息子と会うとき、ちょっと申しわけなくなって許せたりする。

しかし、我慢をし続けると人間、必ず爆発を起こしてしまう。

怒りに変わる前に、小出しにエネルギーを放出しておくことが大事だ。

自分のことをもっと深く知っていくと、上手にガス抜きができるようになる。

ここでガスを抜いておこう、と調整ができるようになる。

正義感が強すぎてもいけない。

世の中、きれいごとだけでは動かない、と自分を納得させ、弱い自分を許してあげよう。

かくいうぼくは、陰口は言わないことにしているが〝うっすら悪口〟はわりと好きかもしれない。

信頼できる人に、ちょっと聞いてもらえますか、と最初にお断りをしてから、まくしたてるように「あいつは本当にけしからんのです。朝は挨拶もしないし、パパのことを小バカにしているし、周囲のママ友にまでぼくの悪口を言うし、マジ、ダメな息子なんですよ！」と伝えるのだ。

相手は信頼できる人間であることが大事である。

ぼくの怒りがおさまったとき「もう、納得しましたか？」と言ってくれたりすると、なお素晴らしい。

「はい、ありがとうございました。すっきりしました」

これでぼくは、息子と再び仲よく向き合えるのである。

私たちは仙人にはなれない。

普通の人間なので、ときどきガス抜きをして、自分を許しながら、この厳しい世界を渡りきっていこうではないか。

Ⅳ・人生は広げすぎない

じつは悪い意味ではない。潮時を見誤らないために

30年ほど前、詩人の谷川俊太郎さんがおっしゃったことのなかに、今でも忘れられないものがある。

はじめての依頼は引き受けてみることにしているんです、というような話であった。

それがぼくの生き方に、少なからず影響を与えた。

詩人として尊敬する谷川さんのその生き方を真似て、ぼくもこれまでいろいろな仕事を引き受けてきた。

今はもうないが、バラエティ番組に出演していたこともあるし、今はもうほとんどないが、講演会をやっていた時期もある。

とりあえず気になるならやってみる、という人生を実践してきた。

そして、違うな、と思ったら、とりあえずやめるのは自由だから、それ以降は優柔不断にならないよう、やらない線引きだけはしっかりと自分の中で決める。

谷川さんがおっしゃりたかったのは〝最初から間口を狭めない生き方〟なのであろう。実践した結果、自分の経験や視野を広げることができたし、その結果、自分に何が向かないかがわかるようになった。

その結果、これが「ぼく」である、という範囲を知ることができたのだった。


もう何十年と、たぶん30年ほど谷川さんとはお会いしていないのに、とりあえず引き受けてみて、という好奇心に動かされた〝谷川流人生〟を、特に最近は選んで実践しているように思う。

それから次第に「とりあえずやってみる。とりあえずやめてみる」という、ぼくなりの解釈へと傾いてきた。

おもしろそうな仕事や遊びの誘いがあり、迷ったらとりあえずやってみて、しかしこれはお試し期間なので、経験したことのない世界が視野に見えたらよく考えて、これは自分がやることではないんじゃないかと思えば、とりあえずやめてみる。

そして、大事なのはそのあとだけれど「はじめてからやめた」これら一連の運動がなんだったのかを検証し、間違いだったと判断できたら二度とやらない、という強い姿勢を保つことなんじゃないか、と思った次第である。

世界を狭めず、しかし、人生は広げすぎない。

適度な自分を中心に置いた生き方が、無理なく生きるうえで大事なことになるのかもしれない。


「潮時」という言葉がある。

「物事の終わり」のように解釈され「もう潮時だからやめよう」などの意味で使われる場合が多いが、これは間違いである。

「体力の限界で、潮時かと思いまして」という発言をよく聞くけれど、じつは潮時の本当の意味は、やめるのに「ちょうどいいとき」ということなのだ。

昔、漁師さんたちがこの言葉をつくったといわれている。

漁師は潮の満ち引きをよく見て漁をする。

潮の変わり目が絶好のタイミングであることから、これを潮時と呼んだ。

つまり、本来の意味は「好機」なのである。

しかし、ときが流れて人々は、マイナスの意味での「やめるタイミング」を「潮時」という言葉に重ねてしまった。

やむをえず終えないとならないときの終わり、マイナスの終わりを相手に伝えたいのであれば「引き際」を使う。

とりあえずやってみるのは「好奇心を伴う前進」であり、とりあえずやめてみるのは「潮時の終わり」と「引き際の美学」のふたつによるということだ。


人間には「向き不向き」というものがある。

自分を知らないと自分の可能性を広げることができないので「とりあえずやってみる。

とりあえずやめてみる」は、とっても重要な人生の幅の広げ方なのかもしれない。

自分の居場所で踏ん張ることが、誰かを助けている

いくつになっても、人間はいろいろな角度から何かいちゃもんをつけられる。面倒くさいけれど、これはだいたい、どんな人にもついてまわるものである。どんなに清く生きようとしていても、どこの誰だかわからない人に「え、そこですか」と思うような角度で突っ込まれ、罵倒《ばとう》され、とやかく言われてしまうのが、人間という生き物ということになる。

みんな笑顔で摩擦もなく、お互いを尊重し合って仲よく生きていければいいのだが、それが本当に難しいし、そうは問屋が卸さないのが、我々が生きるこの世界というものなのだ。

「一生懸命やっていても非難される世の中だから、これはもう気にしないで大丈夫だよ」

ぼくはぼくに言い聞かせてきた。

そうだ、言い聞かせよう。


涼しく生きている人がいるなあ、と思って観察をしてみたのだけど、そういう人というのはよく見ていると、世界をスルーしている。

何かバリアのようなものをまとっているというのか、笑顔でかわしているというのか、もっといえば、世界の暗い部分とかをあまりちゃんと見ていない。

憎悪とか嫌悪とか、そういうものを見ないようにして生きている。

本質を問うと、上手にはぐらかされてしまう。

現実を抱える気なんかさらさらないのか、そうしないことがその人の生きる方法なのであろう、だから涼しい顔でいられるのに違いない。

なかなか、ぼくには真似ができそうにない。

ぼくはいつも暗い場所ばかり、つまり、うつむいて歩いているからである。

先日、医療関係で働いているという男性と、飲み屋で隣になった。

「高い薬を買えば助かる命なのに、と思いながら働いているのはしんどいです」

その人はつぶやいた。

ぼくなんかにどうすることもできない話なので、ただ黙って、一緒に酒を飲んであげることしかできなかった。

この人は人間の痛みをスルーできない人なんだ、と思ったら、思わず「大丈夫ですよ」と言葉が出てしまった。

しまった、と思ったけれど、その人がこちらを一瞥《いちべつ》した。


大丈夫だろう、という言葉をぼくらはよく使う。

この「だろう」は、確定ではないけれど、そういう未来がくることを励ますというのか、認めてあげようとする言葉だと思って、ぼくはふだんから使っている。

「大丈夫だろう」と言い合うことで、見ず知らずの人とも寄り添うことができる。そう都合よく解釈している。

軽い、と言われればそうだけれど、何もしてあげられないのは当然で、けれどもスルーしないでいたいと思う人間の心が「大丈夫だろう」につながるのかもしれない。

見ず知らずの人に言われる文句とか誹謗中傷とか難くせとか、本当にそういうことだけはスルーして大丈夫だと思う。

でも、見ず知らずの人間の「苦しい」は誰もが共有できる気持ちなので、ぼくはスルーしないで「大丈夫だろう」と言いたい。

「なんにもできないけど、ごめんなさい」と思うのも、人間なのだから。

不条理な世界だから解決策は簡単に見つけ出せないが、人間が人間である、そのいいところだけは失わないでいたいものだ。

ぼくらは聖人君子にはなれない。

ひとりの弱い人間でしかない。

そこはだから〝無理をする必要はないし、ぜんぶを受け止めて生きることもできない〟

が人間の前提なのだ。

自分が壊れたら、あなたの家族やまわりはどうするのか。

自分にできることをできる範囲でやることで、少しずつ世界と関わっていけばいいし、それが今ぼくにできること、あなたにできることなのだ。

それでもぼくらは、生きていかなければならない。

あなたに生きてほしい、あなたに背負いすぎないでほしい、と思うことは大事なことであろう。


ぼくの歌に「幻」というのがある。

自分の居場所で踏ん張ってみる、というフレーズがぼくはとっても好きで、その歌を歌うとき、なんでかな、涙が出そうになる。

スーパーマンは、人間にそれができないから生み出されたキャラクターであり、本当ならスーパーマンになってみんなを助けたい、という人類の願望の結晶なのだと思う。

スーパーマンになれないぼくらは、自分の居場所で踏ん張るしかない。

しかし、みんなが自分の居場所で踏ん張れば、あるいはそこで「誰かのためになりたい」とささやかながら思うのであれば、その共時的な意識が〝見えないスーパーマン〟を生み出し、その見えざるスーパーマンによって人類は救われるのだと思う。

思わなければ現れないこの幻のスーパーマンのことを、ぼくらは「良心」と呼ぶこともできるのじゃないか。

偽善だといわれても、殺伐としたこの世界を生ききるのに、励まし合うことは大事なのだよ。

ぼくはその人のグラスに、お酒を注いだ。

本当の自分を知ることが、不満をなくすための近道である

昨日は夜、眠れなくなり、暗い部屋の中でワインをなめながら、静まりかえったパリの街を眺めていた。

思い返すと、今日もまたいろいろと考えてしまった。

ちょっとつまずくような感じで、いつもふっと思考が立ち止まってしまう。

だいたい人々が寝静まったこのような遅い時間に、そうなることが多い。

で、悪いほうに物事を考えがちになる。

「自分とはなんだろう」とか「自分はどこへ向かいたいのか」とか「生きている意味はなんだろう」とか「この繰り返しのまま自分はどんどん老けていき、最後に死ぬのだな、じゃ

あ、なんのために生きているのか」……と堂々巡りがはじまる。

思えばぼくは、物心がついたころからずっとこの問いかけをしてきて、いまだ結論に至ってはいない。

結論などはなく、問いかけるしかないのが生きるということなのだろう、ということはわかってきた。

問いかけが答えか、なるほど。


いろいろな文献を読むと「老子」という人物が存在したかどうかは、はっきりしないのだそうだ。おもしろい話である。

しかし、いまだ老子の思想は、現代人の心にも影響を与えている。

紀元前6世紀ほどの大昔に『老子』という哲学の書物が、戦国時代を生きる人々の心になにがしかの道をつくったのは確かであろう。

ぼくは多くの哲学書や聖典というものを読んできたけれど、この『老子』にはなにか、哲学とか宗教、政治、法律などとは違う柔らかい教訓の育みを覚える。

老子の言葉のなかで、ぼくが最初に出会ったのは「無為自然」である。

世の中的には「あまり無理をしないで、自然の流れに身をまかせて生きる」と解釈されている。

「無為」というのは現代「何もせんで、ふらふら生きよる」という悪い意味に使われることが多いが、ここでは「人の作為を加えることなく、自然の法則にまかせる」という意味で使われている。


老子の哲学においてちょっとわかりにくいのは「道(タオ)」という概念で、その概念を思想の根本に置いている点だ。

これは〝ROAD〟のことじゃない。

〝万物の根源〟と思ってもらうといい。

天地がはじまるよりもうんと前から存在する、いや、それよりも前の世界、あるいは宇宙のはじまりのようなこと。

これが道である、とわかりやすく説明できるようなものは「道」ではない、と老子は言う。

なので、ROADではないし、道を究めるという意味の道でもない。

老子は、からっぽであることが大事だと説いた。

満ちている状態になってしまうと、得られるものが限られる。


「上善如水(じょうぜんみずのごとし)」も老子の言葉だけれど、つまり「とっても賢明な生き方はね、水のように生きることだよ」と言っている。

なぜなら、万物は水から生まれたし、水は争うことをしない。

水は花瓶や器によって形を変えることができるし、抗うことなく、いつも落ち着く場所に落ち着いているよ、ということだ。

水はしなやかだから、どのような隙間にも入っていくし、そこからあふれることもできる。

この地上で、水に勝るものは存在しない。

同時にそれは、人間の心にたとえられている気がする。

水は真理なのだ、と老子は言いたいのであろう。

老子の言葉で好きなものが、さらにもうひとつある。

「知足者富(足るを知る者は富む)」——不満たらたらで生きるより、満足できる自分を知っている人がじつは豊かなのだ、ということのたとえである。

けれども自分を貫こうとするとき、いつも自分の足を引っぱるのは自分であり、自分の中にある不満だ。

「足るを知る者は富み、強めて行う者は志有り(満足することを知っている者は豊かであり、努力している者は志があるということだ)」

『老子』の中にはこう書かれている。

本当の自分を知れば、不満は消えていくということであろう。

自分にできることを探す

生きるうえで、とっても大切なことがある。

人が苦しくなるのは、自分にできないことを引き受けて、それをなんとかしようとするからなのだ。

これは至極、当たり前ではないか？

自分にできることなら難しくないし、できるとわかっているので自信もあるから、前向きな気持ちで挑むことができる。

楽しい仕事であれば能力以上の結果が出せることとなり、それが先々の未来にもつながっていく。

ところが、その逆の場合はよくない。

自分ができないことを引き受けてしまい、苦労をし、もし仮にうまくいかなかったとしたら、大きな自信の喪失を招いてしまうことになる。

だから、引き受けるものは経験があり、自信のあることにすべきなのだ。


しかし、ここに落とし穴がある。

できることだけをやっていては成長がないし、自分ができないことは〝チャンスと可能性を連れてくる〟のも間違いない。

ここはよく考えて、引き受けるかどうかの判断をするしかない。


絶対に無理なものには手をつけない。

やれるかもしれないが、経験がないのでわからないものは「やってみたい。挑戦してみたい」という気持ちがあるかどうか。

それがない場合は、軽々しく手を出さないことだ。

卵が先か鶏が先かの議論と一緒だけれど、ぼくは「やってみたい。経験はないけれど、どうしてもやりたい」を基準に挑戦をしてきた。

音楽のはじまりも、小説家になる前も、ぼくはずっと素人であった。最初から経験のある人はいないので、どこかで飛び出す〝ふんぎり〟という踏み込み台が必要になる。

つまり、自分が「それに賭けてみたい」と思う気持ちである。その未知なる仕事や勉強に挑むとき、心のどこかに「自分にはできる可能性がある」という光があるなら、やってみる価値はあるだろう。

そして「失敗はつねに先生になる」と恐れないことも大事だし、ダメでも再びスタート地点に戻れるものからやっていけばいいのである。

次第に経験というものが積み重なっていき、コツコツまじめにやっていれば、いつかなにがしかのチャンスが訪れる。

ぼくは自分が「絶対にできない」ものはわきまえてきた。

でも「できるかもしれない、やってみたい」と思うものには、やるかどうかは別として、間口を開いてきた。

「どうしてもやりたいけれど、経験がない」ものには、恐れながら挑んだ。

その基本には「自分にはできることがある」という自負があった。

できることがあるので、それを増やしたいという前向きな自分を応援してきた。

人生において、できることが少しずつ増えていくのは楽しいものだ。

まずは「自分にできること」をやる、そこで成果が出たら「経験はないけれど、やりたいこと」にドキドキしながら踏み出していけばいい。

そうやって、自分というものは広がりをもっていくのである。

起きて半畳寝て一畳、天下とっても二合半、という生き方

「起きて半畳寝て一畳、天下とっても二合半」という言葉がある。

これはどうも古い禅宗の言葉らしいのだが、ぼくの人生をずっと支えてきた言葉なのである。

苦しいときはいつも、この禅の言葉を心の中で唱えてきた。

要は「人間ひとりが生きる（起きて座る）のには、たたみが1畳もあれば十分じゃないか、仮に天下をとって将軍になったとしても、1日2合半以上の米は食えぬでしょう」ということ。

つまりだ、人間、欲張っても、一生に必要なものは限られているし、天国には何も持っていけないし、そもそも、生きるためにそんなに多くは必要ない、ということのたとえである。

まだ学生だったぼくは、この言葉と出会ったときに肩の荷が下り、まさにそのとおりだな、と深く納得をした。

以降「起きて半畳寝て一畳、天下とっても二合半」を座右の銘として、自らの人生の横に携えてきたのである。

特に10代・20代の若いころ、この座右の銘がぼくをどれだけ救ったことか……。

一からやり直そう、と思うことは人生にはよくある。

このままじゃ自分がつぶされてしまう、と思うとき。

そのキャリアを捨ててでも自分自身を守ろう、と思うとき。

苦しくなると、それは欲が出ている証拠だと思い、この言葉を唱えた。

すると不思議なことに「だよね、たたみ1畳あれば寝泊りできるしね」と落ち着くことができたものだ。

今もそう心がけて生きている。

いつでもどこでもゼロから再出発する自信を、ある種の勇気を、この言葉がぼくに植えつけてくれたのである。


ぼくは長く創作の最前線で働いてきたので、ときどき引退について考えたりもする。引退なんかできるわけないじゃん、と思い直したりもするけれど、やってみてもいいな、と思うことはしょっちゅうだ。

心の中でつねに「引退」という、かなりおぼろげな言葉がちらつき続けてきた。

引退といっても、ぼくの場合は退職というのとはちょっと違うから、このルーティンの生活から出奔するということ。

〝生活のための生きる〟ではなく〝生きるための生活〟を求めたいということ。

かせぐための仕事ではなく、人生を悟るための創作……。

一度は日常を変えてみる必要があるのじゃないか。
なんのために？
自分らしさを取り戻すためにだよ。
自分らしさって何？？？

子育てと仕事（その線引きも曖昧な仕事）の両立に疲れているのは確かだ。
それでも、弱音を吐くのは自分らしくないと自分を戒めてきたのだが、ぼくはアスリートじゃないのだから、そんなに自分にプレッシャーをかけなくてもいいのじゃないか。
野球選手がミスをすると、うちの母さんなんかは「バカたれが」と怒っている。笑
でも、勝つことだけが人生じゃない、という人生を普通の人は生きている。

勝つことだけが人生だとはマジで思わない。
負け惜しみではなく、死ぬときに「ああ、素晴らしい人生だった」と振り返ることができるのか、それとも後悔ばかりを抱えて逝くのか、そこには大きな違いがある。

人生に納得してこの世界から出発できるように、今を必死で生き続けたい。
青年時代のぼくはよく思っていた。
気がつけば、今も何も変わらない。
ずっと「起きて半畳寝て一畳、天下とっても二合半」なのである。

しかし、物事を変えたいと思わない日はない。
どこまで欲望を捨てるのか、捨てられるのかで、人間はもしかすると楽になるのじゃないかな。

まず、自分に期待することをやめる。
あきらめるのじゃない、無理をしない、ということである。
すると、見えてくるものが変わる。
自分に期待しすぎないって、とっても大事なことだったりするんだよな。
それは流行りの「あきらめる力」というのとは違って、あきらめるもなにも期待しないのだから、頑張らないでいいし、プレッシャーもなくなる。

自分をもっと好きになり、自分のよさを最大限に発揮できればいいのである。

おっと、楽しみながら――これを忘れてはいけない。

好きなことにのめり込み、取り組んでいけばいいのである。


最近は〝お金をかけない〟を実行するのもいいな、と思いはじめている。

ぜいたくはしない。

自分の料理の腕を上げていけば、材料費だけで、普通のレストランで食べるくらいの味は出すことができる。

生活費をぐんと落とすことからはじめてみる、とか。

お金をかけない人生を想像してみたらいいのかもしれない。

都会にしがみつくだけが立派ではない。

物価の安い田舎へ移り住み、この世界の在り方をイメージしながら、自分にできる最大限のことを無理せずやっていく。

コロナの流行以降、在宅でも世界とおもしろく向き合うことができるようになった。自然に囲まれた田舎からでも、発想力ひとつで世界と渡り合うことが可能な時代になったのだ。

ぼくは数年前に「Design Stories」というメディアを立ち上げている。

世界中どこにいても、メッセージを更新することができる。

この文章は今、フランスの西へ向かう高速の休憩所で書いている。

「自分ひとりくらい自由に生きていけるよな」と思うところからはじめてみよう。

いつか、誰にも支配されない人間性を回復したい。

自分らしい生き方を発見してみせるぞ、と思い続けることは大事である。

ぼく自身、この世界に束縛されない人生を目指している。

時間はかかるが、気持ち次第で世界は開かれるはずだ。

そうだ、きっとそういう空想が今の自分を励ますのである。

起きて半畳寝て一畳、天下とっても二合半なんだよ、人生というものは……。
自分らしく、自然に生きていきたい。

谷底こそ、いちばん高い山を見上げられるチャンスのとき

もう何度も言い尽くしてきたことだが、人間は期待しすぎるから苦しくなるのだ。

けれども修験者《しゅげんじゃ》じゃあるまいし、期待をいっさい排して生きられる人間などはいない。

「辻さんは期待するなと言いますが、ぼくにはどうしてもできません」という人もいることだろう。

かくいうぼくも期待ばかりしているので、そのつど、ある程度は落ち込んでいる。

ただ、それは一瞬のこと。今は少しばかりの〝心構え〟がある。

ぼくは常日頃「ほら、きたきた、期待をするな」と自分に言い聞かせて過ごしている。

誰かがぼくの気分をよくさせ、未来を明るくするようなことを言ったとしよう。するとすかさず「ほら、きたきた、他人に期待をするな」と心の中でブレーキをかける。特に物事がうまくいっていて、自分が舞い上がりそうなときには先んじて「ほら、きたきた」と釘《くぎ》を刺しておく。

この心構えのいいところは、ダメだったときにあまりがっかりしないですむ点。やっぱりな、で終わらせることができるし、納得すれば人間、引きずることもない。何かが実現して興奮しすぎたときも、自分を見失うことなく平常心に戻って続けられるので、その点からも便利な呪文なのである。

そしてぼくは、自分のすべてをひとつのことだけに集中させる生き方はしていない。期待が裏切られて成果が出ないとき、ぜんぶを失った、と嘆くのは愚かすぎる。それでは立ち直るまでに何年もかかってしまうだろう(ただし、恋愛は除く)。夢や目標はつねにいくつかもっておく。

小説家がぜんぜんダメなときは、ちょっとその暴風圏から退避して、晴れ間が広がる場所で歌でも歌っていればいい。

そんな気楽な人生あるか、と文句が出そうだけれど、要は〝人生の道は無限にある〟ということだ。


ぼくは2020年、コロナの出現で映画制作が中止、コンサートもすべて中止になり、そのうえ過酷なロックダウンのせいで部屋からも出られなくなった。

すべての仕事が奪われたのだ。

しかし、同じようなことが過去に一～二度あったので、ぼくはつねにいくつかの種をもち、ひとつを育てながら、別の種を土に埋めたりするようになっていた。

たまたま「Design Stories」という電子世界の表現方法をもっていたから(じつはこれも、他者に期待しすぎない生き方から生まれたプラットホームづくりの結果なのである)、そこで毎日、日記を書いた。

さらにキッチンで料理に燃え、SNSで発信をした。

コンサートや映画に比べれば、夢とか目標とはいいにくい、ゴールの見えないささやかな楽しみではあるが〝日々をていねいに生きる〟という哲学はそこから生まれた。

おかげで料理が上達したし、結果、心も安定した。


ひとたび何かを見つけたら、そこを掘り下げ、そこに自分の感動を重ねていく。

日々をていねいに生きることを題材にして、ぼくはエッセイをいくつも書いた。

それが編集者の目に留まり『なぜ、生きているのかと考えてみるのが今かもしれない』(あさ出版)として出版されたのは、２０２０年8月のことである。

同年3月にフランスは全土で強力なロックダウンに突入したので、約半年後の緊急出版であった。

そこにエネルギーをぶつけることで、音楽や映画を失った悲しみからも立ち直るきっかけを手に入れた。

その書物の中でも書いたことだが、日々をていねいに生きるしかない。

夢が消え去っても、毎日は消え去らない。

その日々をしっかりと生きることで、人生は必ず立て直すことができるし、再び夢をもつことも、元気であればできる、ということなのだ。

あれから3年がたち、ぼくはコンサート活動を再開することになった。

人間、くじけてもいいが、つねに心構えをもち、期待しすぎず、平常心で生きるのが大事だということであろう。

人生は山あり谷ありなのだから、谷底にいるときこそ、いちばん高い山を見上げられるチャンスだと、ぼくは常々思うようにしている。

V．フランス人に学ぶ生き方

苦手だったフランス人から、ぼくが学んだこと

フランスでこんなに長く暮らすことになるとは、ぼくは思ってもいなかった。

しかし気がつけば、人生の3分の1をフランスで生きてしまっている。

自分が思い描いたことのない人生を自分で選択することなく生きてしまうとき、それを宿命というのかもしれない。


ところで最初、ぼくはフランス人が苦手だった。

考え方が日本人とはぜんぜん違うので、正直、戸惑った。

どう対応していいのかわからず、嫌いになりかけたこともあった。

日本に戻りたいと思いながら、でも、息子を育てきるまでは意地でも帰れないと頑張っているうちに、フランス人のいい面、参考になる面、勉強になるところ、なるほどと思わせられる生き方を知ることになる。

特に彼らの生き方、死生観、人生観というのはユニークでおもしろい。

「セ・ラ・ヴィ（それが人生さ）」という言葉をよく耳にすると思うけれど、たとえば人が死んでも、セ・ラ・ヴィ。事業に失敗しても、離婚しても、なんでもかんでもセ・ラ・ヴィで片づけてしまう。

でも、この魔法の言葉に救われることも多い。

最近、身近な人が死んだ。

日本の友人・知人からは長文の思い出の言葉が送られてくる。

一方、フランス人は「セ・ラ・ヴィ」とつぶやくだけだ。

それが人生だよ、というのは、突き放しているようで優しさのある言葉だと、最近になって気がついた。

苦難を乗り越えていく場面で自分や周囲の人を励ます、心強い言葉なのである。

個人主義が徹底した国だから、全員の考え方が違っている。

それは世界どこの国もそうなのだけど、ここまでバラバラの思考だと、小気味いいくらいの自由度である。

人は人、自分は自分、というのが徹底しているので、我慢というものをこの国の人たちはしない。

イジメという概念もなく、最近は日本語の「イジメ」がフランス語に登場している。

その昔、日本で流行った〝会社命の猛烈社員〟みたいな世界観も存在しない。

自分を中心に物事を考えるので、会社をそういう理由でどんどん変えていくし、まずは自分のために生きるのが根本で、会社や社会はあくまでその次にある。

そこがはっきりしているから「集団を無視する身勝手な人間のことを、日本では自己チューって呼ぶ」とぼくが反論すると「人それぞれだから、そういうふうに決めつけるな」と、ケンカになることしばしばであった。

一方でここぞというときの連帯感は半端なく、一例だけれど、交差点で盲目の人が困っていると、どこからともなくフランス人が駆け寄ってきて、みんなで助ける。見て見ぬふり、というのが本当になくて、ぼくなんかだと「どうしようかな、あの人困ってそうだけど手を差し伸べるべきなんだろうか」と躊躇《ちゅうちょ》するところで、彼らはしないし、そこではハチのような集団行動をとる。

デモがやたら多い国、というのもうなずける。革命で王制を倒した国だからかもしれない。

何がバラバラのフランス人を結びつけるのか、その要因についてはいまだよくわからないけれど、ある瞬間に集団行動に出る。

もしかすると、自由を守るため、自分を貫くために共通の意識が芽生えて、強く連帯をするのかもしれない。

この連帯(ソリダリテ)感が半端なく強いのがフランス。

政治への関心が強く、それを見ている子供たちもみんな政治的なのだ。

個を守るために連帯しているようなところもある。

フランス人のケンカの仕方はおもしろい。

絶交すると、けっして元のさやには戻らない。

日本人同士のケンカというのは、仲直りというのか、互いの非を認め合い、理解し合おうとするところがあるけれど、フランス人はひとたび絶交すると、縁が切れる。視界から消されてしまう。ぼくも何人かの視界から消された。

今思うとそれも、自分の信念を曲げないための、彼らなりの生き方なのかな。

彼らがもつ自由度を意識するようになり、ぼくは生きるのが楽になった。

集団から離れても生きていけるようになったし、いろいろな人生があるのだからどうにかなる、とフランス人を見ながら思うようになった。

フランスは半分社会主義のようなところがあるので、どうやっても人権が守られ、貧しくてもそこそこ普通の暮らしができてしまう。

そういう政治社会的な背景が、フランス人というものを生んでいる一因にあるのかもしれない。

20年この国で暮らしてみて、ぼくは今、ようやくフランスが好きになった。好きじゃないと20年も暮らすことはできない。

「おフランス」などと、とかく世界中の人に揶揄《やゆ》されるフランス人を、特にぼくのアメリカ人の友人たちは「あいつら、めっちゃ変わってるよな」とバカにするけれど、ぼくは少なくとも、彼らと楽に生きることができている。

個人が強く守られ、周囲を気にしないでかまわない社会ができあがっているからかもしれない。体面を気にする必要がぜんぜんない。

ここのところ、繰り返されるテロの影響で移民が社会問題化しており、極右政党の台頭が目立つようになった。

一方でそれに反発する人たちも大勢いるので、大統領選挙があるたび、この国はさまざまな形で個人が立ち上がっている。

気がつくとぼくは、シラク大統領、サルコジ大統領、オランド大統領、そしてマクロン大統領まで、４人の大統領の政治手腕を見てきたことになる。

さて次は、誰がこの国の大統領になるのであろう。

なぜフランス人はデモをするのか？デモ隊に聞いてみた

フランスという国で暮らしだしていちばん驚いたのは、とにかくデモが多いということである。

そのことをあちこちで書いてきたけれど、なぜフランス人がデモをするのか、デモをしている人に聞いた経験がないことに気づいた。

そこでぼくは、デモ参加者をつかまえてインタビューすることにした。

ちょうどパリ6区のカフェでお茶を飲んでいたら突然、交差点でデモがはじまったので、チャンスだと思って突撃をした。

デモ隊は見た感じで１００人規模。テレビカメラが数台取り囲んでいるところを見ると、彼らが訴えることになんらかの社会性がありそうだ。

「すいません。日本のウェブサイトマガジンの者ですが、取材をしてもよろしいでしょうか?」

ぼくはそれがなんのデモかわからないまま、その集団のいちばん中心にいる人物(女性だった)に声をかけた。

男の人が多かったのだけど、いちばん話しやすそうな感じを受けた、その直感に従う格好となった。

「もちろんです」

「率直にお聞きしますが、あなた方のデモの目標はなんですか?」

ぼくは手帳を取り出し、まるで優秀な記者のような感じで質問をした。

「いい質問です。目標は牛乳の市場開放なんです」

「なるほど、それは大きなテーマですね」

どうやら牛乳の生産者たちのデモのようである。

デモ隊の中心に、フランス国旗の模様があしらわれた牛のオブジェが、ドンと置かれてある。

女性はぼくに、自分たちが生産している牛乳をすすめてくれた。

「おいしい。濃厚でしっかりした味ですね」

「ありがとう。これ、いくらだと思います？」

そう言って女性は1リットルの紙パックをぼくに差し出した。

「通常、スーパーで売っているのだと2ユーロ50くらいですから、その前後ですね？」

すると女性は得意そうな顔をして、白い歯で笑った。

「いいえ、はずれです。90サンチームですよ、たったの」

「それは驚きました」

約１００円ということだった。

彼らは牛乳の生産者で、市販されている牛乳を作っているのだけど、その販売価格が高すぎると訴えているのだった。

おもしろい訴えだな、と思った。

で、抗議をするために自分たちでブランドを起こしたというのだ。

でも、1ユーロもしない牛乳が市場に出るのを大手メーカーが阻止するので、自分たちの安い牛乳が消費者に届かない。このシステムを変えることがフランスの人々の暮らしを変えることになる、という訴えであった。


「いいですか？　日本の方々にも伝えたい。デモをバカにしてはいけません。自分たちの生活をよくするためには、じっとしていても誰も変えてはくれないのです。自分たちでアクションを起こさない限り、生活は向上しません。だから私たちは立ち上がったのです」

すると、まわりにいる男たちが牛乳缶を木づちで叩きはじめ、そうだ、そうだ、と叫びだした。

ぼくも笑顔で、そうだ、そうだ、と調子を合わせておいた。

目の前でデモ隊が大騒ぎになっていても、パリの人たちは涼しい顔で、カフェのテラス席でカフェオレを飲んでいる。

今度は彼らのところへ行き「こういうデモについてどう思いますか？」と質問してみた。

「フランス的な光景です。みんなが自分の意見を言い合うのは、この国の価値観に合っています」

「うるさいとは思わないのですか？」

「うるさいですけど、自分が彼らの立場ならデモをするでしょう。いろんな価値観があってこの国は成立しているのだから、うるさいけれど、うるさいからこそ、それが自由というものなのです」

意外に楽になる、フランス流絶交の仕方

フランス人の絶交の仕方は、かなりユニークである。

ひとたび仲たがいすると、ほぼ復縁はありえない。

日本のように悪口・陰口を言われ続けるということもないが、絶交はまさに断絶となる。

絶交したらどうなるのか——これがフランス人のおもしろいところで、街角とかバーとかで会っても、いっさい目を合わせない。↑子供っぽい……。

視線が頭ひとつ分くらい微妙にずれたまま、狭い歩道なんかでも、とにかくめっちゃ器用にすれ違う。

お互い、そこにいることはわかっているのだけど、わかっていても、とにかく相手を見

ないのである。

これはぼくのこれまでの経験からだけでなく、他のフランス人からもよく聞く話なので、フランス流の絶交の仕方のようだ。

1メートルくらい近づいて「やあ」もない。

そのケツの穴の小ささに呆《あき》れもするけれど、フランス人のこの態度は「意見の合わない人間とは関わらない」という、彼ら一流（?）の生き方なのである。

不仲になると、普通はそのことを考えて心を痛める。

しかしフランス人は、その痛む心をもち続けること自体が無意味だと考える。だから視界から消す。

仲たがいすると復縁は難しいよ、と渡仏直後に言われたことがあったが、渡仏20年でしっかりとそれを実感することができた。

そこでこちらも、相手を視界から消す。

お互いに消えているので、気になることはない。

心を痛めることも、無理に仲直りしようとすることもないのである。

さびしい世界だと思うだろうが、それがわりとフランス的な人生観なので、ぼくは〝郷に入っては郷に従え〟で、これを実践しているのである。

この方法のよいところは、イヤな気分をもって生きる必要がないという点、もめた過去はもう過去のことであり、今の自分には関係がないという利点だ。

日本人的にはちょっとさびしい方法だなあ、とは思うけれど、強くないとフランスでは生きていけないので、ぼくも実行している。

日本的仲直りというのは、この国では120％ない。

そういう美談を好まない国民性である。

自分を主張し、絶対に自分から譲ることはしない。

絶対に許さないという強い気力で生ききる人生、ぼくはそのフランスっぽさが嫌いじゃない。

ストレスを抱えないで自分のために生きる、それでいいんじゃないのかな。

仮に絶交して孤独になっても、それは納得ずくの孤独だから、望むところだ。

一生は一度。気配りで疲れて一生を台無しにしたくない。

仲直りを目指すことよりも、気の合う仲間と多く出会えばいいだけのことで、合わない人は合わない理由があるのだと思うようにして、ぼくはパリで強く生きている。ずいぶんと強くなったものである。

好奇心とは、みにくい欠点である

人間の運命というのは、まことに不思議なものである。

この地で生まれた息子は、フランスの大学へ進学するために日々頑張っているのだけど、彼だって、日本人でありながらたったひとり、フランス人たちに交じって生きることになろうとは、生まれ出る瞬間には思いもしなかったことであろう。

で、実際に息子から「なんで、ぼくはこんな運命なんだろう」と言われたこともあった……おお、すまん……。

その息子が社会人になるまで、あと数年というところにまで迫った。

フランスとのこのご縁を、いったいなんと言い表せばいいのかわからない。

ぼくはアメリカに行こうと思っていたのに、気がついたらフランスにいたのである。

フランス人からも「なんで、ユーはここで暮らしているの?」と言われ続けた。

「わからない。でも、それが運命なんだよ」

ぼくのような父親とふたりで生きなければならないわが子もまた、運命の導きで、今ここで生かされているのである。


フランスで暮らしたことで、ぼくはさまざまなことを学ぶことができた。

特に自由と個人主義については、日本にいたころとは違った意識をもっている。

集団の中で和をもってよしとする日本と、徹底した個人主義にこだわるフランス、どっちがいいとか悪いとか、そういうことではない。

この2国を経験できたことは、作家にとってなによりの勉強となった。

言葉を生業にしているわけだから、違う言語圏で生きること、そのこと自体がものすごい影響をぼくに与えた。

接続詞や動詞の変化、文法、言語構造の違いなどが、そのままダイレクトに思考に刺激を与えた。

フランス語から多くのことを学ぶこととなった。


「La curiosité est un vilain défaut」という言葉がある。

「好奇心とは、みにくい欠点である」とでも訳すのだろうか……。

こっちで人の噂ばかりしていると、この言葉がポンと返ってくることがある。

ここで使う「la curiosité(好奇心)」はあまりいい意味ではなく、どちらかというと、他人のあれこれを詮索する野次馬根性というような意味の「好奇心」なのだ。


フランス人だって好奇心旺盛だし、噂話も好きなのだが、最後はいつも「Mais, cela ne nous regarde pas」――「ま、私たちがとやかく言うことではないわな」で結ぶのである。

ほー、なるほど……。

3人組のフランス人漫才トリオが、噂好きの人たちを揶揄った有名なコントでも繰り返し使われた。

フランス人の噂話にはつきもので、どちらかというと自嘲気味に使うのである。どこか、大阪人の「知らんけど」に似ている。え、知ってるやん!!

フランスでは一般的に、他人のプライベートに首を突っ込むことはタブーだ。何も知らない外国人が、フランス人に立ち入った質問をしたりすると「Occupe-toi de tes affaires!」――「自分の世話をしてろ!」と一蹴されてしまう。日本語でいう「余計なお世話」ということである。あるね、日本にも素敵な言葉が!!

ある日、息子の小学校に、お母さんがふたりいる男の子が転校してきた。男女の夫婦ではなく、女性同士で家庭をつくったということである。詳しくは知らないのだけど、フランスではそれが可能なのだ。興味を示したクラスメイトたちが「どうして君にはお母さんがふたりいるの?」と、その転校生を質問攻めにした。子供だから、純粋に疑問をもって聞いたのである。

すると担任の先生が、その子に代わってこう言い放ったのだ。
「Parce que c'est comme ça!」――「なぜなら、そういうことだからよ！」

その質問はそれで終わり。
子供たちはみんな「ほー」と納得し、それ以来、誰もその転校生に同じ質問をぶつけることはなかったのだとか。
「そういうことなんだから、そういうことだよ！」と締めくくる息子に「なんで、なんで？　それでおしまい？」と聞き返したら「Occupe-toi de tes affaires!（自分の世話をしてろ！）」と言われてしまった。笑
やれやれ、ぼくがいちばん噂好きな日本人なのかもしれない。

昔、ミッテラン元大統領が記者から「大統領、あなたには愛人がいるそうですが？」と質問され、即座に「Et alors?」――「だから？　どったの？」と返したことは世界的にも有名な話だ。

マクロン現大統領だって、25歳年上の奥様がいる。事実を隠すこともなければ、彼の大統領としての評価に影響を及ぼすこともない。ワイドショーがマクロン夫人の元夫を追いかけまわして騒ぐようなことも、ほとんどなかった。
下世話な週刊誌も存在するけれど、その内容が表舞台で議論されたりはしないのだ。
あ、そもそも、ワイドショーというものが存在しない。笑
ぼくがフランス人だったら、もう少し楽な人生を歩くことができていたかもしれない。

そういえば、アメリカのクリントン元大統領がモニカ・ルインスキーさんと〝不適切な関係〟をおもちになって弾劾裁判にかけられたことがあったが、そのとき、フランス人の友人がおもしろいことを言った。
「アメリカ人ってのは、あんなに優秀な大統領をあの程度のことで裁判にかけちゃうんだから、愚かな連中だ。フランスならまず国益を優先するから、不倫で裁判になんてならないものね」

日本人のぼくはその考え方に衝撃を覚え、ひっくり返った。

へー、国が違うとこんなにも違うのか、と驚いたものである。

もっとも、これはそのときの友人の見解であって、ぼくは「不倫は絶対にいかん」と思っているのだが、当事者同士が納得している物事や関係を、他者が〝好奇心〟でかきまわすのは、フランス人にとってもっとも〝みにくいこと〟なのだ、という話である。

最初の言葉「好奇心とは、みにくい欠点である」に行き着くわけだが、ぼくも気をつけなければいけない……。

自分の世話だけしていましょう。

フランス人に学ぶ、気疲れしない生き方

なぜクタクタになるのかというと、気をつかいすぎるからであろう。

上下関係、年功序列、男尊女卑……挙げたらきりがない。

これらはだいたい、誰かが自分の意見を他人に押しつけることからはじまって、いわば、他人の人生に他人が干渉してくるから、上下関係とか、年功序列とか、男尊女卑なんてものが生じるにすぎない。

この干渉に対して、最近はパワハラとかセクハラという言葉が出てきたけれど、フランスではあまり聞かないかもしれない。

なぜなんだろう、と考えたら、そもそも干渉をしない人間関係が構築されているからじゃ

ないか、と思い至った。


たとえば、社会をのぞいてみると一目瞭然。

フランス語には、他人を呼ぶときにふたつの言い方がある。「vous」と「tu」だ。

「あなた」と「君」に訳せるわけだが、ていねいさ以外では日本語ほどの差がない。

日本であれば、目上の人や上司に「君の机の上に書類あげとくね」とは言わないけれど、
フランスだと、そうとうなトップ（たとえば社長）じゃない限り、こういう会話が会社内で普通にやりとりされている。

これは会社だけじゃなく、あらゆる社会で普通のやりとりなのだ。

会話のなかに上下関係をあまり感じない。


17〜18年ほど前のことだけれど、ペーペーのアシスタントの男の子がリュック・ベッソン監督をつかまえて「君の車、ちょっと移動させとくね、クレーンが動かせないからさ」みたいなことを言ったのを聞いて、ひゃー、すごい、と思った。

もともとフランス語のなかに、上下関係を排除する仕組みが備わっているのだ。もちろん、初対面でいきなりtuは使わないが、vousからtuに変わる瞬間こそがまさにフランス的で、人間的にもスマートで、毎回感動させられている。

逆に、いつまでもvousで話しかけられている場合は、なにか社会にアクセプトできない、イヤな大人の面がにじんでいる証拠かもしれない。

なので、できる上司というのはすぐにtuを公用語にして、チームワークを強固なものにさせている。

渡仏後、すぐにはなじめない言葉づかいだった。それは認めないとならない。うちによく遊びにくるニコラくんに〝君呼ばわり〟されて、最初はムッとしていたのも事実だ。

日本人にはなじみのない会話形式なので、最初は「こんな子供にもバカにされて」と思ったけれど、慣れてくると、年齢が開放され、ジェンダーも取っ払われたこのやりとりは素晴らしいな、と思えてくる。

さて、フランス人の口ぐせのなかには、ストレスをためないための魔法の言葉がある。

彼らはひとたび何か責任を押しつけられそうになると、次のような言葉を吐き出す。


まず最初に「Je n'ai pas fait exprès（わざとやったんじゃないの）」。

これは本当によく聞く。

子供がガラスを割り、お父さんが怒る前に「Je n'ai pas fait exprès.」と訴えるのが普通だ。

子供が言うぶんにはすっごくかわいいのだけど、大の大人が自分のせいで問題を起こしておきながら、子供のような感じで肩をすくめ、周囲の人間にこう訴える場面もよく見かける。

めっちゃフランスだな、と苦笑が起きる。


もうひとつは「Ce n'est pas ma faute!（私のせいじゃないわ）」。

こっちのほうがよく聞くかな。

「俺のせいじゃね〜よ」って、そこらじゅうから聞こえてくる。

フランス人の常套句なのだが、責任はぼくにない、と明確に関わりを否定することから彼らははじめる。

例にもれず、うちの息子もよく使う。アメリカ映画なんかでよく見る、肩をすくめるあのしぐさと一緒に。

「パパ〜、ぼくのせいじゃないでしょ？　スネパマフォート!!」

手がすべったとか、コップを拭いていないのが悪いとか、使っている洗剤がよくないとか、このガラスのマテリアルに問題があるとか、そもそも洗ったらコップは引き出しの中に片づけておくべきだとか、しまいには、このコップは最初から割れそうだからイヤだったんだよ、と屁理屈になる。

フランス社会は、こういう言いわけで動いているといっても過言じゃない。

そしてその結果、導き出されるフランス人と日本人の根本的な違いは「謝罪言葉」といえるだろう。

日本人はすぐに「ごめんなさい」を使う。そこから会話がはじまることもある。

フランス人はその正反対だ。彼らは絶対に謝らない。すみませんは「エクスキュゼモア」、ごめんなさいは「デゾレ」になるが、このデゾレは、ほぼ聞いたことがない。謝ったら、それは責任を認めるということになるのだから、それ以外の場面では絶対に使っちゃダメ、と教わったことがある。

日本だと誠意として「まず謝っとけ」となるが、フランスは違う。

渡仏後まもなくのこと、車をぶつけた、ぶつけられた(?)ことがあった。ぼくに非はなかったが、スピード違反の消防士は謝らなかった。彼の小型車は側面が大破したので、ぼくが心配して日本人的に「ごめんね、大丈夫?」と口にした途端、ぼくは負けてしまった。消防士が地元のスターだったのもあるけれど、みんなそろってぼくを指差し、こいつ謝ったあ、と警察に訴えたのだ。やれやれ、いい経験となった。

それ以降のぼくは、絶対に謝らないイヤな人間になることができた。

おかげで、責任を負わされたことは一度もない。

先日、とあるフランス人の友人から「君はもう立派なフランス人だから、この国でやっていけるよ」と太鼓判を押されてしまった。

日本人的には〝傲慢な人間〟ということになるのかもしれないね。

悲しいような、うれしいような……仕方ない。

「Tant pis!(トンピ)」というのがフランス語の「仕方ない」にあたる。

まあ、目くじらを立てなくてもいいじゃないか。

トンピ、トンピ!

フランス人が立ち直るときに使う10の言葉

在仏20年のぼくだが、この国で何度も困難にぶつかっては乗り越えてきた。日本語を生業にしているので、苦しいときは日本語のことわざなどにすがるのだが、人生の3分の1も生きたこのフランスだからこその、役立つ言葉も知ることとなった。言葉には人を殺すほどの怖さがあるが、同時に、人を救う力もある。フランス人が困難を乗り越えるときに使う、超フランスらしい言葉を紹介してみよう。

1．Oh mon dieu.（神様、なんてこった……）

いわゆる英語の「オーマイガー！」である。英語人ほど口にするのを聞いたことはないけれど、むしろ、静かに現実を見つめるときに使うような気がする。

2. Et alors?(だから、何?)
ミッテラン大統領がマスコミから、愛人の存在を指摘されたときに放った捨て台詞《ぜりふ》だけれど、フランス人はこれをよく使う。で? なんなの? おまえに関係ないだろ、みたいな言葉。

3. Ce n'est pas grave.(たいしたことじゃないよ)
grave は「重大、深刻」という意味の単語で、深刻じゃない、と否定することで相手を気づかいつつ、自分の意思を押し出す、フランス人が実際によく使う言葉である。

4. Laissez moi tranquille.(ちょっと、ひとりにしといてくれないか)
まわりの人間がおせっかいしてきたときに、必ず言う。ほっといてくれよ、というニュアンス。おまえに何がわかる、あっち行け、という感じかな。

5. Tant pis!（しゃーない！）

仕方がない、という言葉だけれど、潔くあきらめるのはとってもフランス人的だったりする。ぐずぐず引きずってもしょうがないよね、というときにさらっと流す言葉。

6. La nuit porte conseil.（夜が答えを導いてくれるさ）

明日があるさ、ということである。とりあえず今日はあまり悩まないで寝ましょう、明日がきっと解決してくれるはずだから。よくわかるね。世界は一緒だと思う。

7. Ce sont des choses qui arrivent.（誰にでも起こりうることだよ）

自分をあまり責めないで、こういうことは誰にでも起こりうるんだから、と他人を励ますときによく使う言葉。ま、しょうがない、ここでぐずぐずしないで先に行ったほうがいいじゃん、いいじゃん、ということ。

8. La vie continue.（人生は続くんだ）

それでも人生は続くんだよ、という究極の言葉で、ぼくも何度も言われた。シングルファザーになったとき、フランス人の友人から最初に言われたのがこの言葉だった。

9. C'est la vie.（それが人生だからさ……）
そしてその後、フランス人の友人はこうやって結論づけた。とってもフランス人的哲学が凝縮された言葉だ。友達が自殺をしたときも、集まったみんながこう言った。それは彼が選んだ人生だから、とね。

10. ça dépend des gens.（つまり、人それぞれだから）
結局、人によるよ、ということ。gens は人、これがシチュエーションのときもある。時と場合による、という言い方。ほぼすべてのフランス人が日常的に使っている。人それぞれだから気にするな、ということである。気にする必要はない。みんな人それぞれで誰も一緒じゃないんだ。フランス人の自由思想が詰まった言葉の礫《つぶて》である。

結論からいうと、フランス人はあまり自分や他人を励ますことをしない。

みんなそれぞれで違うんだから、一緒くたにできないし、だからこそ答えは無限にある、という考え方だからだ。

「C'est la vie（セ・ラ・ヴィ）」が、それを代表している。

それが人生というものだ、と認めてあきらめつつも、苦難に対してぐずぐずこだわらない。

さっと切り替えるのがフランス風かもしれないね。


ということで、ぼくはけっこう、この国で鍛えられてきたと思う。

フランス人は強く生きるコツを心得ている。これは真似ていいのかも。

苦しまないで、もっと自分らしくいられる場所へ行こうぜ、ということである。

おわりに

困難はどうして次々に押し寄せてくるのか、ちょっと考えてみよう。

困難のない人生などはない。

じゃあ、困難とは何か、それは、人間を前進させるためのものだ。

困難は生きている限りなくならないし、次々にやってくる。

ぼくはあるとき、うんざりした。

なんでこんなに困難ばかりがぼくのところにはやってくるのだろう、と。

もちろん、困難を招いているのはぼく自身なのだけど、これには何か意味があるに違いない、と思うようになった。

頭上から困難が降りかかってくる。

落選したり、振られたり、にっちもさっちもいかなくなったり、停滞したり、気力がどん底に落ちたり、単純に失敗をしたり……。

でも、こういう困難は乗り越えられるということがだんだんわかってきた。

困難というものには必ずチャンスが眠っているのだ、と気づいたことが大きかった。

困難に押しつぶされるときというのは、困難のなかにチャンスを見つけられないときにほかならない。

「大きな前進の可能性が眠っている」「もしも乗り越えられたら、ぼくは次へ進む大きなステップを手に入れることができるんだから」と、なぜ思わない？

そのとき、ぼくはこう自分に言い聞かせる。

「はい、次！」

そもそも、困難に押しつぶされるときのぼくは、その困難を受け止めすぎる傾向にあった。

もうダメだ、と考えがちだった。

しかし、そんな時間はもったいない、と思うようになり、スパッと切り捨てる、つまり、言葉にしてみたらいいのだとわかってきた。

「はい、次！」

困難のなかにこそ、次へ向かう原動力が眠っている。

困難が、じつは人間を大きくさせる起爆剤になる。

困難がやってきたとき、飲み込まれる人と、その波を利用してサーフィンができる人とに分かれるのだけど、人はなかなかその荒波を黄金の波に変えることができないのが普通で、そのままあたふたおぼれてしまうのである。

でも、それが普通だと思った時点で、じつは常識になめられている。

常識なんてものは、若い人間を鋳型《いがた》にはめるための道具にすぎない。

常識から逃げられなくなったら、おしまいなんだ。常識を突き破れ！

できないんじゃなく、自分の限界を開放させること。

そのためには、困難をどんどん利用していかないとならない。

「はい、次！」

やってくる困難を次々にかわして、さばいて、すり抜けていけば、人間というものは思ったよりも遠くへ行くことができる。

悩んでいてもしょうがない。

失敗は必ず成功への布石となる。

「はい、次！　何をぐずぐずしているんだ、時間がもったいない。落ち込んでも一生、立ち直っても一生なんだから、どんどん、次へ向かおうじゃないか！」

これでいいのである。


「はい、次！」

自分流《じぶんりゅう》　光《ひか》る個性《こせい》の道《みち》を行《い》く

2023年3月30日　初版第1刷発行

著　者　辻《つじ》仁成《ひとなり》

発行者　三宅貴久
発行所　株式会社 光文社
〒112-8011 東京都文京区音羽1-16-6
☎03-5395-8172（編集部）
☎03-5395-8116（書籍販売部）
☎03-5395-8125（業務部）
メール　non@kobunsha.com

落丁本・乱丁本は業務部へご連絡くだされば、お取り替えいたします。

組　版　萩原印刷
印刷所　萩原印刷
製本所　ナショナル製本

デザイン　前橋隆道　進藤航（tokyo synergetics）
イラスト　有馬奈保美
編集　平井茜

　ISBN978-4-334-95368-3